航天科技图书出版基金资助出版

Four Characteristics of Management

管理的四性

孙为钢 著

中国宇航出版社
·北京·

图书在版编目（CIP）数据

管理的四性 / 孙为钢著. --北京 ：中国宇航出版社，2022.11

ISBN 978-7-5159-2134-1

Ⅰ. ①管… Ⅱ. ①孙… Ⅲ. ①管理学—研究 Ⅳ. ①C93

中国版本图书馆 CIP 数据核字(2022)第 190259 号

责任编辑　刘　凯　　　**装帧设计**　宇星文化

出　版
发　行　中国宇航出版社

社　址　北京市阜成路 8 号　**邮　编**　100830
(010)68768548

网　址　www.caphbook.com

经　销　新华书店

发行部　(010)68767386　(010)68371900
(010)68767382　(010)88100613（传真）

零售店　读者服务部
(010)68371105

承　印　北京中科印刷有限公司

版　次　2022 年 11 月第 1 版
2022 年 11 月第 1 次印刷

规　格　787×960

开　本　1/16

印　张　17

字　数　239 千字

书　号　ISBN 978-7-5159-2134-1

定　价　68.00 元

序 一
Preface I

在庆祝中国共产党成立 100 周年大会上，习近平总书记指出：“我们要用历史映照现实、远观未来，从中国共产党的百年奋斗中看清楚过去我们为什么能够成功、弄明白未来我们怎样才能继续成功。”这既是辩证思维的高度总结，也为我们的后续工作指明了方向。在弄明白未来是怎样的基础上，我们才能找到发力方向，才能弄明白怎样集中力量继续成功。

我们正处在科技快速发展的时代，科学技术是第一生产力，科技的发展不仅为管理提供了手段，同时也要求管理能够适应并促进创新和生产力的发展。只有弄明白发展方向，研究怎样提升管理，才能更高效地促进生产力的发展和社会和谐发展。《管理的四性》这本书介绍管理学家说管理，以及历史的典故，阐述作者对管理的解读，借鉴前人的经验研究管理，并尝试结合现代科技前沿展望管理发展趋势、想象管理愿景，其思路值得借鉴。

中国航天事业的发展经历了许多挫折，我们曾到了“失败不起、没有退路”的被动境地。1996 年，中国航天工业总公司在总结 40

年质量管理经验、教训的基础上，提出了航天型号产品质量问题归零的五条要求，即“定位准确、机理清楚、问题复现、措施有效、举一反三”。随后根据执行中的问题，又提出了管理问题归零的五条标准，即“过程清楚、责任明确、措施落实、严肃处理、完善规章”。提出的要求必须得到落实才能取得成效，总公司领导带头狠抓落实，营造了质量问题彻底归零的氛围和文化，使总公司的质量管理水平上了一个台阶，航天型号发射任务连续成功，是通过加强管理、狠抓落实，扭转了被动局面。科学的管理是改变面貌、成就事业的基础。

本书作者孙为钢同志，长期从事航天型号科研管理工作，曾任新一代运载火箭长征五号工程、长征六号工程、长征十一号工程等航天型号工程总师，任探月三期工程副总设计师。在其担任中国航天科技集团公司宇航部部长期间，航天发射任务均取得了圆满成功。长期的航天型号管理工作使航天质量管理的精髓融入其身，在《管理的四性》这书中可以感受到作者努力探求管理的机理、管理的本质，这虽是费力的事，但必有其收获。

作者把管理分为目的、约束、行动和规律四个要素，并把人的因素融入要素中，逐一分析其特性，探讨管理，试图通过“四性”抓住管理的要领，形成纲举目张，铺开管理之网，细细地体悟，定会有所收获。

祝贺孙为钢同志勇于探索、善于总结，成就此书，愿更多的人在感悟管理中快速进步。

中国工程院工程管理学部院士　王礼恒

序 二
Preface II

很高兴在出版前就能读到《管理的四性》的书稿，非常敬佩曾任航天多个型号工程总师的孙为钢同志在多年工程管理的实践基础上，能对管理问题做深入的探讨和总结。

尽管我的专业和工作与作者孙为钢没有任何交集，但很多年以前，因为《在线》一书，我和孙为钢同志认识，有了深入的交流，并与其具体讨论过城市大脑和在线的科技研发的管理等相关问题。有意思的是，这种讨论也延伸到了商业航天等话题，我个人从孙为钢同志那里学习了很多。其中很多收获都与管理密切相关，比如管理决定上述技术系统的走向，同时上述方向的技术发展也必将影响管理模式的变化。研究管理理论、探讨管理发展趋势是加快发展的必要条件。

在创建阿里云时，我也体会到除了有一个优秀的团队、用先进的理念构建技术系统框架外，还必须要有工程管理体系，才能最后成为整体。同样，研究科学管理也必须结合现代科技的发展，运用新技术，诸如网络技术的发展。“在线”加速大数据和人工智能的发展，这些新技术、新趋势必将影响人们的生活和工作，甚至改变社会发展模式，当然也必将促进管理发生一次质的变化。

《管理的四性》一书的探讨对这种质变是有帮助的。作者基于其在航天工程管理领域的实践，却又跳出了航天领域，探讨了管理的本质以及许多管理的基本问题，比如对“目的”的解读、对“约束”的分析，以及对“系统”的定义等，有些触及了人的心理活动如何影响管理等问题，令人印象深刻。

科技的快速发展使人类面临更多的挑战，迫切需要形成不断适应、更快改进和加速发展的新局面。作者意识到了这种趋势，本书的许多探讨，有助于解放思想，探讨科学管理，助推成功。

中国工程院工程管理学部院士　王坚

2022 年 4 月于云栖小镇

前言
Foreword

阅读本书，认知管理本质，感悟修身之道，实践人生梦想。

历史上的成功人士，多是有较强的自制能力，能够约束自己的行为驶向目标。《礼记·大学》中讲：“身修而后家齐，家齐而后国治，国治而后天下平。”齐家、治国、平天下都要从修身开始，而修身之道又是什么，希望通过《管理的四性》这本书提升人们对管理本质的认知，感悟修身之道，助力成功之路。

管理，看似是管理者的事、是组织行为，实际上管理行为贯穿人的一生，并成就人的事业。人的一生就是“管理”与“被管理”的过程，从出生开始，幼儿时期，被父母养育是处于“被管理”状态，并在被管理中学习、实践于自我管理；进入学校，更要学会自我管理并尝试对他人进行管理；参加工作后，开始齐家、治国，就更离不开“管理”了。无论我们对管理是否有所察觉，管理都始终环绕在我们身边，融入我们的学习、工作和生活的方方面面。学生学习管理知识，明白修身之道在于自我管理，有助于管好自己、努力学习、谋划人生；职员、企业家或是政府官员学习管理知识、认知管理实质，有助于提升工作效率，走向成功；同样，科学管理也是使组织长盛不衰的密钥。

我们常用管理一词，但管理的本质是什么，又有何规律性，本书将从管理的概念、适用范畴和算法上去探讨管理，寻求管理一词最大共性包络集。管理包含四项性能要素：目的性、约束性、行动性和规律性，这四项性能要素相互科学关联时形成了科学管理。没有目的的行动是盲目行动，没有行动的目的也仅仅是空想；目的与行动都受环境约束，也生成约束；行动脱离约束，目的就无法保障；缺失科学规律，就谈不上高效管理。本书通过对管理四项要素的探讨，加深人们对管理的理解，以求知其然，知其所以然，认知本质就能理解各种管理方法、技巧的机理，就能结合实际情况具体分析应用，得以提高效率。

学习管理的四性，可感悟修身之道在于明了管理，“欲修其身者，先正其心；欲正其心者，先诚其意；欲诚其意者，先致其知，致知在格物”。格物致知的重要内容之一是要致知管理本质，知道先要诚意、正心地建立人生坚定、正确的目标，知道为实现目标约束自己的行为。从管理的四性来看，首先要明确自己的人生目标，要学习规律和遵循规律，约束自己的行为驶向目标，这正是修身之道。

认知管理的四性，可用于孩子们的教育，指导孩子们的修身，引发其内心诚意，并养成自我约束、善于认识规律、追求成功（完成目标）的习惯，从而逐步树立起正确的人生目标，为其成功铺路。

在生活、工作中，人们的行动是为了实现某些目的，按管理目的性稍加分析，清晰的目标可使行动更有针对性，就可以去繁化简，提高效率，就有利于把握实质，提高成功率，把事情办成。对于从事管理工作的管理者来说，可以运用管理的四性分析所从事的具体工作，围绕工作目的有针对性地突出约束行动的规律性，使行动朝向实现目的，使系统有序运行。对于高层管理者，更应运用管理的四性，营造出一种有利于实现组织目的的氛围，发挥组织成员的积极性，努力完成任务。

管理是一门综合性学科，包含着众多的学识，管理随时代的变迁和科技的进步不断发展更迭，管理包罗万象又与时俱进，但管理的本质不变，其基本规律性不变。了解管理的本质、掌握基本规律性是提高效率的必要条件，更是从事管理学研究的学者要归纳提炼的内容，在这些规律性的基础上，结合大数据技术、智能技术，使管理向着量化系统分析、智能化发展，辅助人们管理，是科学管理的发展方向。

感谢阅读，希望有所收获。

孙为钢

2022 年 10 月 27 日

目 录
Contents

第一章
管理概念

《礼记·大学》中讲："身修而后家齐，家齐而后国治，国治而后天下平。"而在修身、齐家、治国、平天下的过程中都离不开管理。

管理是一门综合性学科，涉及人的主观意识、社会意识和客观规律等众多学识。管理与人密切相关，人类社会的发展离不开管理，社会的发展带动管理的提升，管理的提升又促进社会的发展。管理随时代的变迁和科技的进步不断发展更迭，不断产生新的理念、新的办法、新的工具。在包罗万象的变化中，管理的本质是什么，遵循的基本规律是什么，认知管理的本质，有利于理解、掌握和创造新的方法，可使工作更有效率、生活更加和谐。对于从事管理工作的管理者来说，认知管理的本质可以提升管理效能、提高管理效率。当然，认知管理的基本规律，有利于个人在工作中把握实质，也有利于个人的自我管理。

1.1 管理的概念

管理学是一门科学，科学就有其规律、规律的适用范围和概念。很多管理大师都从不同的方面强调管理并阐述管理，其侧重面不同，管理概念强调的也就不同。何为管理，理清管理的实质内涵，形成共识的概念，有利于人们领悟管理、解读管理，深入研究其规律。

一个科学的定义通常包括三方面内容：概念、适用范畴和算法（把规则等统称为算法）。如牛顿第二定律：概念是物体的加速度跟它受到的合外力成正比，跟它的质量成反比，加速度的方向跟合外力的方向相同。其算法是$F=ma$，其适用范畴是惯性系。在这种界定下，人们可以学习、理解并运用牛顿第二定律计算复杂的运动方程，去求解复杂的受力、加速度或物体质量。

从概念、适用范畴和算法这三个方面去理解、探讨一个新事物或新理念有利于减少歧义、达成共识并加深认识。本书将从这三个方面来探讨管理，定义管理的概念为：管理是为实现目的在约束下进行有规律性的行动。

在这个概念中，管理包含了四项性能要素：目的性、约束性、行动性和规律性（简称四性）。

目的性：管理是为了实现目的，目的是管理的核心，是管理者希望达到的结果，是管理的内在动因，管理是围绕达到目的这个核心而运行的。

约束性：约束是管理的环境状况，管理受主观和客观状况的约束，既受外部环境的约束，也有为实现目的而形成的内部约束。这里的约束性是条件、限制和激励之集合的概念，是与目的有关并起约束作用的各种因素。外部环境约束，诸如自然规律、客观物质资源、国家法律、政策、标准、行政指令、道德等；为实现目的形成的内部约束，诸如组织内的规章制度、流程、组织机构、企业文化、激励措施等。

行动性：管理为实现目的所采取的必要行动，管理和行动是密不可分的，没有行动仅是空想，这里的行动性包含思维的决策和行动等，是围绕目的而发生的行为，并且贯穿于实现目的的整个过程，诸如决策、指挥、组织、协调、检查、执行、考核、奖惩、宣传等，行动是实现目的的保障。

规律性：这里的规律性既有事物的固有规律，也包含人为形成的能使人感知的相对固定的因果关系。诸如研究决策上的规律性而形成决策论，研究组织上的规律性而形成组织学，同样管理中遵循决策论的规律性进行科学决策，遵循组织学的规律性进行科学的组织管理，在计划工作中遵循运筹学等合理编制计划等。在管理中研究规律性、遵循规律，实际行动中形成的因果关联也是该管理氛围中的规律性。管理既是科学又是艺术，科学有其很强的规律，艺术也有其人性化的、人能感受到的规律性。

这四个要素对管理而言是不可分割的整体，相互关联才形成了管理。没有目的的行动是盲目行动，谈不上管理。再好的目的、再高明的决策，没有行动也仅仅是空想。人们的目的和行动都不是凭空产生的，是在某种环境约束下产生的，是与环境密切相关的，并且行动是在约束下进行的，脱离了约束的行动，目的就无法保障。规律性体现了管理的科学性，遵循客观规律的行动是成功的基础，管理的基本规律性要使行动驶向实现目的，围绕实现管理目的形成行动的规律性是提高效率的必需，有规律性的约束行动也呈现了管理的规律性，有目的而无规律性的行动、随机的行动谈不上实现目的的效率，而当有规律性的约束行动与目的相抵触时，说一套做一套，背道而驰，管理就处于混乱状态。围绕目的建立有规律性的约束，使行为向目的收敛，实现目的，这就是管理。由此可见，管理中目的的重要性以及这种目的性、约束性、行动性和规律性是不可缺少的特征。

在不同的领域或管理层级，管理的四个要素都是存在的，但其侧重点各有不同。高层管理人员侧重于制定目的、进行决策，同时建立与之相应的规律性。基层管理人员要理解目的、侧重目的的分解实施和按约束采取行动。

1.2 管理的适用范畴

一个概念有其适用的范畴，或者说在某个边界内成立。管理的概念涉及面非常广泛，在《汉语大词典》中，对管理的解释为管辖统治。

在《世界百科全书》中，对管理的解释为：管理就是对工商企业、政府机关、人民团体以及其他各种组织的一切活动的指导。它的目的要使每一行为或决策有助于实现既定的目标。

在《经济与管理大辞典》中，对管理的解释为：管理是与人类社会共生的，管理的概念具有极普遍的意义。社会中的每个人都在进行着管理工作，每个人都在从事把极有限的资源分配给众多的、相互竞争的难以满足目的的活动。从现代管理的高度看，管理就是一个或更多的人协调他人的活动，以达到任何个人单独行动所无法达到目标的过程。

按汉语组词，对“管”字的解释为“约束”，对“理”字的解释为“事物的规律性”，拼起来为约束事物的规律性，或者说使事物遵循规律，其适用范围非常广泛，故常见管理一词用在与控制行为相关的范畴。

上述解释中，从国家的统治、政府机构、社会组织到每个人，从与人类社会共生到社会中的每个人都在进行着管理工作，都是管理的适用范畴。上述范畴囊括了人的活动，广义上讲，有人的活动就有管理，这使管理学更具有普遍性，更具有对人的指导性，更具有社会意义。

管理一词用得非常普遍，例如我们讲动物园管理员职业，可以是动物园的管理者，也可以是动物饲养员，这二者管理的对象并不相同，但都可以用管理一词。又如仓库物资保管员，称其为仓库物资管理员也不能算错，而其管理的对象看似是物资。再如我们常说“管理好自己”，也用到管理这个词。这里的管理涉及管人的行为、管动物的行为、管物资的行为（形态）、管自己的行为，都是通过管控行为达到目的，是对“协调他人的活动”中“他人”的扩展。

在本书中对管理的定义，是为实现目的在约束下进行有规律性的行动，没有直接限定管理对象，强调的是为实现目的的行动，将管理适用的范畴扩展到有目的的行为，这与广泛使用的管理一词是非常吻合的。

按照“四性”去解读管理，有助于理解管理，这是一种分析思路，使之更有针对性地采取行动，有效达到目的。例如，按管理的“四性”分析自我管理，首先要明确自我管理的目的是什么（不是别人的目的，可以是别人提出、自己认同的目的），给自己制定的约束是什么，这个约束是否有利于导向目的实现，还要按约束行动使自己养成有利于实现目的的行为习惯。以小学生抄写生字为例，首先要明确目的性，抄写生字不是为了完成抄写遍数，其目的是认识生字、写得熟练和写得端正，抄而不认是本末倒置；其二要认知约束，是在限定的时间内认识抄写的字，当然自我管理也要自我约束，要完成作业或认识生字后才可以玩耍；其三要有行动，要做作业，要把完成作业后的玩耍视为奖励（同样的一件事，但事先约定的兑现就成了管理的奖励行为）；其四要认知规律和形成习惯，认字有其规律，把字写好也有其规律，认知规律就会主动很多，也增加了乐趣，在遵守完成作业后再玩耍的约束下，久而久之，孩子将通过有规律性的约束行动建立起好的习惯。这是自我管理的一个过程，孩子们能够早点认知自我管理，通过行为建立好习惯，将终身受益。行为决定习惯，习惯决定性格，性格决定命运。当然孩子们懂得管理道理有些难，而父母认知管理，则可以有的放矢地进行教育。

再以管理的四性分析仓库物资管理员，他的基本工作目的是完成岗位职责，如物资保存完整、方便存取等；约束有很多，有仓库条件、物资管理的规章制度、台账登记要求、物资存放要求等；他管理的行动是执行制度，按要求验收、登记、按类按序存放等；他要遵循的规律性是，物资按类按序存放的科学规律，以及按制度拒收、拒付物资，考核与被考核奖惩规律性等。在工作行动中，严格遵循制度就形成了遵循制度的行为规律性，就有利于完成岗位职责即工作目标。仓库物资管理员管理的对象看似就是物资，实为管理自己的行为和他人的行为，使行为遵守制度的约束，物资是行为的受体，或者说行为结果反映在物资形态上。

从经典的组织人事管理分析，人事管理的目的可简述为：保障和发挥人的能力为实现组织目的服务；所受外部环境的约束有《劳动法》等法规，有市场人才竞争等，而在组织内部也有招聘、考核、培训、调动、任免、薪酬、退休等一系列制度约束；在行动性上，是根据人表现出的行为按制度执行，在招聘时要看应聘者的学历、看其工作经历，这是应聘者过去所表现出的行为能力，任免、考核要看其行为表现出的能力和行为的结果，按任免制度、考核制度执行；人事管理的规律性有很多，在实际行动中反映出的规律性是人们所感受的规律性，如任人唯贤还是任人唯亲的人事任免等，这是被管理者从任免行为中能感受到的规律性。人事管理的对象是人，实际上是通过行为看人，通过人约束行为，人是行为的载体。

再用管理的四性分析狼的行为，狼的目的性很强，是为了生存捕杀猎物吃饱肚子；狼受生存区域的自然环境约束，同时作为群居动物会形成狼群所具有的习惯性行为约束；狼的行动性多体现于捕食猎物的行动，当然也有狼王的护食和维护狼群的行动；所谓规律性，体现在狼的习惯性行为上，如狼群在行走时，老狼走在前列（或是因认路和控制前进速度），母狼和幼狼位于中间受到保护，强壮的狼分别位于母狼和幼狼前后，狼王位于队后负责断后，这仅是狼群行走体现出的行为规律性。或许有人会质疑狼的生存本能是目的吗？狼懂得管理吗？下面我们就这一问题继续分析。

按马斯洛需求层次理论，其最基本的是生理需求，对性、食物、水、空气及住房等需要都是生理上的需要，这类需要的层级最低。生存是动物的本能，狼也有这种生理的需求，为满足这种需求而采取行动，需求就是行为的目的。用管理的四性分析狼的行为，并不是证明狼也懂管理，狼不懂管理，但其行为符合管理的基本要素，符合管理的基本要素得以生存，不符合则被淘汰。

本书定义的管理适用的范畴：在有意识的行为中都能体现出管理的效能。有意识的行为想达到某种需求目的，行为受意识支配并受主观和客观约束，当行为受控并符合科学规律时，就有希望高效达到目的，就体现了管理功能。换句话讲，管理一词普遍适用，用管理的四性去分析、指导有意识的行为，可以提高其行为效率，也可以根据其行为、其约束性、其规律性推导其真实意图及发展趋势。

1.3 管理的算法

管理的算法还不能像经典的物理学科那样给出一个最基本的量化公式，如牛顿第二定律 $F=ma$，但量化管理是方向，在决策、考评、过程控制等管理行动中已采用量化统计、比较等方法。管理的算法是管理规律性的集合，管理规律性众多又难以量化，需要大量数据支撑，算法是在总结规律上的升华，从定性转化为量化算法是规律的最高表现形式。

如果用数学公式描述管理，管理是寻求域内收获与付出比集合的最大期望值：

$$\Sigma P_i \cdot J_i/F_i$$

P_i：期望概率；J_i：事件的目标价值；F_i：事件的付出价值。

管理算法是实现目的路径上的每个事件目标价值 J_i 与该事件所付出的价值 F_i 比与实现该事件的期望值 P_i 乘积之集合，总和要大于 1，并且越大越好。科学管理是在某个域的限制内，寻求一条 $\Sigma P_i \cdot J_i/F_i$ 最大的路径，并使每个事件期望成功的概率增大或稳定，也要降低为实现每个事件目标的付出。当然怎样确定 P_i 概率值、J_i 和 F_i 价值函数是要研究的问题，尽管现在还没有通用的方程，但在一些专业管理方面已经量化管理或量化辅助决策，如在财会上、在重大决策评估时需要量化的数据，而且越来越离不开数据。

借用算法一词是强调完善理论学科要将其规律用数学模型表达，管理学科亦是如此，在实际管理中离不开数据，有统计的报表、量化的考核、风险量化评估、量化的比对决策等，量化的数字是最有说服力的依据。当然管理学科涉及的方面非常广泛，而且涉及的行为主体是有个体意识且多变的人，管理要借用其他学科算法和成果，也要结合自身规律性探索量化模型，这是管理科学要研究的，也是发展方向。人工智能管理需要数据，需要依据管理的规律性统计分析数据，也将在此基础上将规律性转化为数学模型，辅助人们进行管理决策。

管理的算法是管理规律性的集合，人类生活的客观世界有其自然规律，人们生活在一起形成的社会有其社会规律性，人在组织中有组织内的规律性，即使个人也有其思维习惯、生活习惯形成的性格，同样表现出规律性，这些都属于广义的管理算法内容。管理的算法要研究怎样把规律性转化为算法，包括约束与目的间规律性的算法，行动与结果间规律性的算法，目的、约束与行动间规律性的算法等。在实际中，针对具体的工作已向量化管理发展，如决策根据其规律性形成的决策树、德尔菲法等量化方法，计划根据其规律性形成的项目量化评价方法，薪酬按多劳多得规律性形成的“差别工资制”计件工资量化制度等。管理的内容非常广泛，各行各业都有其各自的特点和规律性，通过研究这些特点和规律性，总结出的共性规律就具有了普遍指导意义，共性的规律性是寻求管理算法的基础。

管理学科不是孤立的，而是与众多学科紧密相连，并随其他学科发展而进步的。政治学、经济学、军事学、法学、教育学、民族学、宗教学、心理学、逻辑学、系统工程学、博弈论、数学、信息学、人工智能等学科的发展都会助力于探索管理的规律性，促进管理学的进步。随着科技的发展，数字化应用越来越广泛，特别是互联网的发展更助推了数字化发展，人们提出了数字城市、数字地球等概念，新兴人工智能技术更是迫切需要量化的数据。有了量化的数据，再把规律性转化为数学模型，就可能建立数学算法，将定性分析转化为定量分析，换句话讲，是在量化和大数据技术的基础上，将定性因果分析变为量化比较，寻求最佳途径。

管理与工程自动控制有很多类似的地方，在自动控制中，当系统输出值偏离设计值时，系统自动比较后会按设计的模型输入一个控制指令，自行纠正使系统按设计工作。早期的自动控制是采用模拟量，例如运载火箭轨道控制中采用摄动制导，是指火箭在整个主动段按照固定的时间程序控制飞行，当受到干扰使火箭偏离预定的标准轨道时，火箭上的传感器感受的信号与设计值比就会产生偏差，通过偏差纠正控制火箭回到设计轨道上飞行，使其偏离限制在小范围内。早期控制受技术限制只能用模拟量，系统复杂、可靠性不高。随着数字技术的发展和计算机的应用，将模拟量转为数字量，使系统大为简化、可靠性提高、控制精度提高；而数字化和计算机的应用，使火箭轨道控制方式进一步优化，采用新的迭代制导方法，根据最优控制算法，在每一时刻计算出当前位置和目标点的一条最优轨道和最优控制，当火箭与上一时刻最优轨道偏离时，控制系统会根据运载位置、速度向量、目标点等，计算出新的最优轨道优化控制，形成闭环在线制导，使火箭运载能力的冗余、入轨精度进一步得到提高。迭代制导的每条轨道不是事先确定的，是实时优化出的，可以说火箭初步具有了智能的功能。仅此表述量化会带来很多优势，能够提高能力，而这也是管理所追求的。

科技的发展使数据测量、数据传输、数据存储、数据分析、数据应用等更加普遍，量化的管理已在发挥重大作用，大数据已成为国家的重要资源。在2020年防范新冠疫情传播中，依据大数据分析可以查询每个人在何地、何时停留了多长时间，每个航班、火车上有无感染者等，这些大数据在疫情防范中发挥了重要作用。记录行为产生数据，用数据评价结果，寻求约束和规律性的模型，发掘行为与结果的逻辑关系，进行量化分析、辅助人们决策是量化管理的趋势。

建立管理量化的数学模型是很艰巨的，是众多规律性组合在一起发挥作用，管理中各因素都可能是变量，甚至所遵循的规律性都是在逐渐变化的。建立管理量化的数学模型看似是不可能的事，但可以从小的区域、从某一方面做起，如财会管理软件、人事管理软件、项目管理软件等都是向管理量化的方向进步。科技进步会带来更多的方法，建立管理量化的数学模型，有助于规范、科学地进行行动并高效达到目的。

随着科技的发展，社会正向数字世界发展，数据已成为资源，数据越来越被重视，被开发应用，并在使用过程中产生更多的数据，数据是一种越用越多的特殊资源。在使用数据资源时，大数据人工智能分析是必不可少的，人工智能借助大数据数理统计和物理数学模型，反复统计计算、比对，寻找相关联的逻辑关系，推导出结论，并且人工智能会根据新的数据再次修正算法。在量化管理和管理量化算法上，人工智能也一定会发挥出重要的作用。

在工程设计中，目前也在积极开展“基于模型的系统工程 (MBSE)”方法研究。在传统的系统方案设计阶段，通常以撰写方案设计文档方式来对系统进行定义，明确系统间的接口，传统的方法难以系统量化分析，需要通过人工反复优化设计。而基于模型的系统工程方法用数字化建模代替写文档进行系统方案设计，把设计文档中描述系统结构、功能、性能、规格需求的接口要求参数全部转化为数字化模型表达，有了逻辑关系的数字化模型，就可以自动反复验算，进行量化分析，发现问题，改进和优化设计，提高设计效率。在管理量化算法上，“基于模型的系统工程 (MBSE)”方法也是一种思路，当然管理上变量更多，逻辑量化的规律性模型更难建立，需要发挥人工智能的优势。

1.4 管理大师眼中的管理

从人类有意识的活动开始，管理便伴随人类的发展，助推人类的进步，管理本身也得以发展，形成学科。在工业革命时期，更需要团队、组织、人与人之间的协同作业，这时管理就显得越加重要，受到人们的重视，并研究其规律，进行总结、提炼形成管理概念。借鉴管理大师对管理概念的总结，可以加深我们对管理的认知。

弗雷德里克·温斯洛·泰勒（1856—1915）是美国古典管理学家，科学管理的创始人，被管理界誉为“科学管理之父”。在米德维尔工厂，他从一名学徒工开始，先后被提拔为车间管理员、技师、小组长、工长、设计室主任和总工程师。泰勒曾开展“时间研究”和“金属切削试验”，为科学管理进行了实践。后来，泰勒独立从事工厂管理咨询工作，提出计件工资制，以顾问身份进入伯利恒钢铁公司，并进行了著名的“生铁搬运试验”和“铁锹试验”，于1911年正式出版了《科学管理原理》一书，标志着科学管理的正式诞生。

泰勒重点研究在工厂管理中如何提高效率，提出了科学管理，科学管理的中心问题是提高劳动生产率，通过科学的研究将工作方法进行科学的改进，以实现管理的科学化、合理化与标准化。

泰勒指出，管理人员应把长期实践积累的大量传统知识、技能和诀窍收集并记录下来，概括为规律和守则，有些甚至概括为数学公式，然后将这些规律、守则、公式推广施行，施行工具标准化、操作标准化、劳动动作标准化、劳动环境标准化等标准化管理，通过各种规律研究和标准化管理有效提高了生产效率。例如，在生铁搬运试验中，泰勒得出一个适合做搬运工作的工人，在正常情况下，一天至少可搬运47.5吨铁块的结论；在铁锹试验中，他得出铁锹每次铲物在重21磅时，劳动效率最高的结论；在长达26年的金属切削试验中，他得出影响切割速度的12个变数及反映它们之间相关关系的数学公式。

泰勒详细研究了当时资本主义企业中所推行的工资制度，例如日工资制和一般计件工资制等，泰勒认为，当时工资制度所存在的共同缺陷是不能充分调动职工的积极性，不能满足效率最高的原则。当时实行的日工资制，工资实际上是按照职务或岗位发放的，这样在同一职务和岗位上的人不免产生平均主义。而在传统的计件工资制中，虽然工人在一定范围内可以多劳多得，但超过一定范围，资本家为了分享迅速生产带来的利益，就要降低单件工资率，尽管工人努力工作，也只能获得比原来略多一点的收入。于是，泰勒在 1895 年提出了一种具有很大刺激性的报酬制度“差别工资制”方案。

设立专门的制定定额部门，负责通过计件和工时的研究，进行科学的测量和计算，制定出一个标准制度，以确定合理的劳动定额和恰当的工资率，从而改变过去那种以估计和经验为依据的方法。所谓差别工资制，即按照工人是否完成定额而采用不同的工资率，如果工人能够保质保量地完成定额，就按高的工资率付酬，以资鼓励；如果工人的生产没有达到定额就按低的工资率付酬，并给予警告，如不改进就被解雇。在这个制度中，每个人的工资尽可能地按他的技能和工作所付出的劳动来计算，而不是按他的职位来计算。

泰勒认为，通过采用这种差别工资制，有利于充分发挥个人的积极性，提高劳动生产率，能够真正实现“高工资和低劳动成本”。

从管理的四性来看，目的性是追求高效完成任务并能实现“高工资和低劳动成本”；约束性是建立科学守则、制定差别工资制等；在行动性上是按差别工资制执行，对不达标的工人进行警告、解雇；泰勒非常注重科学的规律性，设立专门的定额部门，进行科学测量、量化研究，强调要把技能和诀窍收集并记录下来，概括为规律和守则，使人们能够认识到管理是有科学规律可循的，是可以规范化、标准化的。

彼得·德鲁克（1909—2005）出生于奥地利，祖籍为荷兰，后移居美国。他致力于管理研究，在广泛实践的基础上完成了30余部著作，被翻译成30多种文字，传播至130多个国家和地区，奠定了其现代管理学开创者的地位，被尊为“管理大师中的大师”。

德鲁克也是引领时代的思考者，20世纪50年代初期，他指出计算机终将彻底改变商业。1961年，他提醒美国应关注日本工业的崛起。20年后，他首先预警东亚国家可能陷入经济滞胀。20世纪90年代，他率先对“知识经济”进行了阐释。

德鲁克首次提出“管理学”的概念，构建了管理学的学科体系，将管理学开创成为一门学科。1954年，德鲁克提出了一个具有划时代意义的概念——目标管理（Management By Objectives，MBO），它是德鲁克所提出的最重要、最有影响的概念。

目标管理的理论假设为Y理论，把人视为“社会人”，认为人不只为面包而生存，影响人的生产积极性因素，除了物质条件外，还有社会、心理因素，工作效率主要取决于员工的士气，而士气又取决于家庭和社会生活，以及企业中人与人之间的关系。

德鲁克主张目标管理和自我控制，认为并不是有了工作才有目标，而是相反，有了目标才能确定每个人的工作。所以“企业的使命和任务，必须转化为目标”，如果一个领域没有目标，这个领域的工作必然被忽视。因此管理者应该通过目标对下级进行管理，当组织最高层管理者确定了组织目标后，必须对其进行有效分解，转变成各个部门以及各个人的分目标，管理者根据分目标的完成情况对下级进行考核、评价和奖惩。目标管理提出以后，在美国迅速流传，时值第二次世界大战后西方经济由恢复转向迅速发展的时期，企业急需采用新的方法调动员工积极性以提高竞争能力，目标管理可谓应运而生，遂被广泛应用，并很快为日本、西欧等国家和地区的企业所仿效。

目标表示最后结果，而目标需要由子目标来支持，为此，组织及其各层次的子目标就构成了一个目标网络。那么如何制定目标呢？德鲁克提出了制定目标的 SMART 原则，S（Specific）明确性、M（Measurable）衡量性、A（Attainable）可实现性、R（Relevant）相关性、T（Time-based）时限性，为组织制定目标提供了指引。

从管理的四性来看，德鲁克的目标管理强调目的的重要性，是把目的量化为目标，并分解为各层次的工作子目标；约束性是以目标为主线，减少与目标不相干的事，突出目标、集中力量完成目标；在行动性上，管理者根据目标的完成情况对下级进行考核、评价和奖惩；制定目标的 SMART 原则是其规律性之一。

赫伯特·亚历山大·西蒙（1916—2001），美国心理学家，卡内基梅隆大学知名教授，研究领域涉及认知心理学、计算机科学、公共行政、经济学、管理学和科学哲学等多个方向，是很多重要学术领域的创始人之一，如人工智能、信息处理、决策制定、问题解决、注意力经济、组织行为学、复杂系统等。西蒙因其贡献和影响在他晚年获得了很多顶级荣誉，如：1975 年的图灵奖、1978 年的诺贝尔经济学奖、1986 年的美国国家科学奖章和 1993 年的美国心理协会终身成就奖。

西蒙是决策学派的主要代表人物。决策学派作为管理学科的一个重要学派，决策理论学派着眼于合理的决策，即研究如何从各种可能的抉择方案中选择一种“令人满意”的行动方案，吸收了系统理论、行为科学、运筹学和计算机科学等学科的研究成果，在20世纪70年代形成了一个独立的管理学派。

决策学派的理论基础是经济理论，特别是消费者抉择理论，即在一定的“合理性”前提下，通过对各种行为的比较和选择，使总效用或边际效用达到最大。西蒙指出，组织中经理人员的重要职能就是做决策，决策包括四个主要阶段：收集的情报是制定决策的根据；找出可能的行动方案；根据当时的情况和对未来发展的预测，从各个备选方案中选定一个方案；对已选择的方案及其实施进行评价，是保证所选定方案的可行性和顺利实施的关键一步。

决策分为程序化决策和非程序化决策。程序化决策，就是那些带有常规性、反复性的例行决策，可以制定出一套例行程序来处理的决策。非程序化决策，则指对那些过去尚未发生过，或其确切的性质和结构尚捉摸不定或很复杂，或其作用十分重要而需要用现裁现做的方式加以处理的决策。这两类决策很难绝对分清楚，它们之间没有明显的分界线，只是像光谱一样的连续统一体。

西蒙认为：决策是管理的中心，决策贯穿管理的全过程，任何作业开始之前都要先做决策，制定计划就是决策，组织、领导和控制也都离不开决策。在决策准则上，用满意性准则代替最优化准则，完全的合理性是难以做到的。强调了经理的职责不仅包括本人制定决策，也包括使他所领导的组织或部门能有效地制定决策，制定决策活动不仅仅是领导个人的活动，同时也是其下属人员的活动。

西蒙在他所著的《管理决策新科学》一书中，用了大量篇幅来总结计算机在企业管理中的应用，特别是计算机在高层管理及组织结构中的应用，强调发展人工智能，逐步实现决策自动化。

从管理的四性来看，西蒙强调管理的决策，决策本质是目标的选择，是强调目的的重要性；决策本身是管理的一项行动；强调决策包括四个主要阶段，这既是决策约束的体现，也是规律性的总结，强调发展人工智能，逐步实现决策自动化也讲管理是有规律性的。

亨利·法约尔(1841—1925)，欧洲杰出的经营管理思想家。法约尔从总经理的办公桌旁，以企业整体作为研究对象，创立了一般管理理论。他认为："管理理论指有关管理的、得到普遍承认的理论，是经过普遍经验检验并得到论证的一套有关原则、标准、方法、程序等内容的完整体系；有关管理的理论和方法不仅适用于公私企业，也适用于军政机关和社会团体。"

法约尔认为经营和管理是两个不同的概念。他认为"经营"的意思是指导或引导一个组织趋向一个目标，它包括六种活动，即：技术活动、商业活动、财务活动、安全活动、会计活动和管理活动。

作为这六种活动中的一种，管理活动是由计划、组织、指挥、协调和控制五种要素构成的，"管理就是实行计划、组织、指挥、协调和控制。"法约尔对这五种要素进行了分析。

1. 制定计划以企业的资源、所经营业务的性质和未来趋势为其根据。

一个好的行动计划应具备以下特征：统一性，即一次只能执行一个计划，但一个计划可以分为总计划和部门的专业计划，作为一个整体相互结合、联系；连续性，即应该使第二个计划不间隔地接上第一个，第三个接上第二个，持续不断；灵活性，即计划应能够顺应人们认识的发展而适当调整，但这并不影响计划总是人们服从的法规；精确性，即根据预测，尽可能使计划适应未来发展的需求。在近期计划中要求有较高的精确度，而长期计划则采取简单的一般方法——制定长期计划，这是法约尔对管理思想做出的一个杰出贡献。计划是管理的首要因素，具有普遍的适用性，而且是一切组织活动的基础。

2. 组织所应完成的管理任务有：检查计划制定情况和执行情况；注意组织活动是否与企业目标、资源和需要相适应；建立一元化的、有能力的、有效的领导；配合行动，协调力量；做出清楚、明确、准确的决策；有效地配备和安排人员；明确职责；鼓励首创精神与责任感；建立合理的报酬方式；建立惩罚制度；使大家遵守纪律；使个人利益服从于企业利益；特别注意指挥的统一；维护物品与社会秩序；进行全面控制；与规章过多、官僚主义、形式主义、文牍主义作斗争。

3. 指挥即让社会组织发挥作用，是一种以某些个人品质和对一般管理原则了解为基础的艺术行动。担任指挥工作的管理者应该做到：对职工有深入的了解；淘汰没有工作能力的人；对企业和职工之间的协定很了解；做出榜样；对组织要定期检查，并使用概括的图表来促进这项工作；为统一指挥和集中力量召开讨论时要让主要助手参加；不要陷入琐碎事务；力争使成员团结、主动、积极和忠诚。

4. 协调是企业的一切工作都要和谐地配合，以便于企业经营的顺利进行，并有利于企业取得成功。协调是一种平衡行动，使支出和收入相等，使设备适合于实现生产目标的需要，在工作中做到先后有序、有条不紊，确保销售和生产之间的协调一致。组织工作和计划工作通过规定任务、制定时间表以及实行目标管理等方法，来推进协调工作。

5. 控制就是要证实各项工作是否都与已定计划相符合，及时发现缺点和错误，以便加以纠正并避免重犯。对物、对人、对行动都可以进行控制。控制涉及企业的一切方面，包括技术方面、商业方面、财政方面、安全方面和会计方面。当控制工作太多、太复杂、涉及面太大时，就应该作为一项独立的工作，设立专门的检查员或监督员。

法约尔还提出了管理的 14 条原则：1. 劳动分工；2. 权力和责任；3. 纪律；4. 统一指挥；5. 统一领导；6. 个人利益服从整体利益；7. 人员的报酬；8. 集中；9. 等级系列；10. 秩序；11. 公平；12. 人员的稳定；13. 首创精神；14. 人员的团结。这 5 个要素和 14 条原则在现代管理中已成为普遍遵循的准则。

从管理的四性来看，法约尔强调管理的行动性，他把“经营”概括为六种活动，技术活动、商业活动、财务活动、安全活动、会计活动和管理活动。在目的性上，这些活动都应指导或引导一个组织趋向一个目标；在约束性上，强调全面性，对物、对人、对行动都可以进行控制，控制涉及企业的一切方面，包括技术方面、商业方面、财政方面、安全方面和会计方面；在规律性上，总结了管理的 5 个要素和 14 条原则。

松下幸之助（1894—1989），日本著名公司“松下”（松下电器产业株式会社、松下电器产业、松下电器制作所、松下电气器具制作所）的创始人。创立“终身雇佣制”“年功序列”等管理制度，被人们称为“经营之神”。

松下经营秘诀中，有三项是最突出的，即自来水经营理念、水坝式经营法和玻璃式经营法。

1. 自来水经营理念是松下电器公司最基本的经营理念，相当于宪法中的总纲。松下认为，“如果一切东西都像自来水一样，能够随便取用的话，社会上的情形就将完全改变了。我的任务就是制造像自来水一样多的电气用具，这是我的生产使命。尽管实际上不容易办得到，但我仍要尽力使物品的价格降低到最便宜的水准。”

2. 水坝式经营法。松下认为，企业需要有像水坝的“蓄”“贮”这种调节和启动的机制，如此才能遇险不惊、见机行事。设备、资金、人员、库存、技术、企划、新产品的开发等，都应该有水坝，这样就可以保持宽裕的运营弹性。松下设计的水坝有数个，诸如：“设备水坝”就是设备的使用不达到100%，就是说，即使设备只运用到80%或90%，也应该是正常获利的。“资金水坝”即经营10亿资金的事业，需要11亿或12亿资金的准备。如果不留余地，万一有新的情况发生，需要增加资金，却无所适从，其结果不仅不能发展企业，而且连那10亿资金也发挥不了作用。“库存水坝”即产品要保持适量的库存，以应生产停滞或产出量减少之急，也可以对市场需求的激增做出及时反应。“新产品水坝”即在已经产出新产品的同时，要有更新的产品研制，甚至已经研制完成。

3. 玻璃式经营法主要是关于内部管理要像玻璃那样透明、开放，开放的内容不只是财务，甚至技术、管理、经营方针和经营实况，都尽量让公司内的员工了解。

从管理的四性来看，松下幸之助有非常强的目的性，自来水经营理念“我的任务就是制造像自来水一样多的电气用具”，这是松下幸之助描绘的生产使命愿景；约束性和规律性，体现在水坝式经营法和玻璃式经营法中要像玻璃那样透明、尽量让公司内的员工了解，当行动的规律性与约束性吻合时，就表现出一致性；“自来水经营理念”“水坝式经营法”和“玻璃式经营法”都离不开管理行动的维持。

杰克·韦尔奇（1935—2020），通用电气公司历史上最年轻的董事长和首席执行官。韦尔奇初掌通用时，通用旗下仅有照明、发动机和电力 3 个事业部在市场上保持领先地位，在其执掌通用电气的 19 年中，公司一路快跑，有 12 个事业部在各自的领域“数一数二”，并连续 3 年在美国《财富》杂志“全美最受推崇公司”的评选中名列榜首。

按照韦尔奇的理念，在全球竞争激烈的市场中，只有在市场上领先对手的企业，才能立于不败之地。任何事业部门存在的条件是在市场上“数一数二”，否则就要被砍掉、整顿、关闭或出售。为了使企业更具有竞争力，对企业文化及员工的思考模式进行转变，在全公司范围内推行三大措施：全球化、服务和六西格玛质量标准。

通用电气公司将“六西格玛”应用于公司所经营的一切活动，如债务记账、信用卡处理系统、卫星时间租赁、法律合同设计等，借此活动基本弥补了公司每天在全球从事生产的每一件产品、第一道工序和每一笔交易的缺陷和不足。通用电气公司每一种新产品和新服务项目都按六西格玛标准进行设计。

六西格玛常用来表述标准误差的统计单位。如果企业不断追求品质改进，达到六西格玛的程度，就相当于在一百万个机会里，只有 3.4 个机会出差错。六西格玛包含三层含义：一是一种量化的质量尺度和追求目标；二是一套科学的工具和管理方法，通过界定核心和关键要素建立标准及流程，通过衡量累计统计数据，运用统计分析检测影响结果的潜在变量、找出瑕疵发生的最重要根源，进一步找出最佳解决方案、不断改进，控制所做的改善能够持续下去；三是在提高顾客满意程度的同时，降低经营成本和周期的持续改进管理策略。

韦尔奇认为，管理的真谛就是把复杂的问题简单化，将混乱的事情规范化。让事情保持简单是商业活动的要旨之一，简单化的核心就是要确保公司上下对简单化处事作风价值的认同和理解。对一名工程师而言，简单化就是采用零件种类不多、而功能齐全的简洁设计；对于生产制造来说，简单化意味着具体操作人员能够理解的、而不是复杂的生产流程；在开拓市场工作中，简单化意味着准确的市场情报、给消费者或行业客户以简明扼要的建议。简单化最重要的意义在个人行为上的应用，即人与人之间的坦诚相待。六西格玛看似复杂，实际执行过程则要简单，是把过程尽量量化记录，通过数学分析，以便尽早发现问题，甚至能发现要发生问题的趋势，在问题出现的源头上加以控制和改进，使问题在苗头阶段就被改正，实现无缺陷管理，从而避免问题扩大，避免问题发生后的复杂分析工作。

从管理的四性来看，管理的目的性强调任何事业部门存在的条件是在市场上“数一数二”的这样一个对标的目标；约束性要求六西格玛应用于公司所经营的一切活动，如债务记账、信用卡处理系统、卫星时间租赁、法律合同设计等；规律性体现在“管理的真谛就是把复杂的问题简单化，将混乱的事情规范化”以及按六西格玛管控；只有按约束行动才能体现管理中的规律性。

张瑞敏，中国著名企业家，创建了全球白色家电第一品牌海尔，因其对管理模式的创新而受到国内外管理界的关注和赞誉。张瑞敏传奇般地把一个资不抵债、濒临倒闭的集体小厂发展成为年营业额逾千亿元的全球化公司，而且他以卓有成效的管理为管理界输出了创新的商业模式和经典管理案例，创造了富有中国特色、充满竞争力的海尔文化。从“日事日毕、日清日高”的管理法，到每个人都面向市场的市场链管理，再到互联网时代的“人单合一双赢”模式，让员工在为用户创造价值的过程中实现自身价值；通过搭建机会公平、结果公平的机制平台，推进员工自主经营，让每个人成为自己的 CEO。

从管理的四性来看，张瑞敏充分运用了管理共赢的基本规律，“人单合一双赢”模式，让员工在创造价值的过程中实现自身价值，让每个人成为自己的 CEO。

从管理大师对管理的论述中可以看到，站在不同的角度，对管理一词就有了不同的强调，但仍然涵盖于管理的四性中：从强调目的性作用的角度来看，管理就是决策，是沟通认同目标，是说服他人一起去实现目标；从强调约束性作用的角度来看，管理就是严格的流程、制度、建立六西格玛约束要求；从强调行动性作用的角度来看，管理是过程控制，“管理就是实行计划”，对物、对人、对行动都可以进行控制，就是执行力；从强调规律性作用的角度来看，管理就是科学和艺术。管理是为实现目的在约束下进行有规律性的行动，也可以用四性解读、分析管理。

1.5 学习管理知识终身受益

《礼记·大学》中说：“古之欲明明德于天下者，先治其国；欲治其国者，先齐其家；欲齐其家者，先修其身；欲修其身者，先正其心；欲正其心者，先诚其意；欲诚其意者，先致其知，致知在格物。物格而后知至，知至而后意诚，意诚而后心正，心正而后身修，身修而后家齐，家齐而后国治，国治而后天下平。”

古文字简而寓意深刻，这里广义的解读，可以把天下平比喻为人生的宏伟目标，宏伟的目标要获得成功就需要从小到大（修身、齐家、治国）分步实施。要从修身开始，怎样修身，要正心，建立正确的目标；要诚意，有坚定的意志；要格物致知，知道事物的本质规律，正确认知自己的本质要求，坚定人生的宏伟目标，以坚强的意志约束自己的行为驶向目标，还要致知实现目标的相关规律性。从管理上讲，这正是管理的内容，修身是自我管理，修身的格物致知是先要知道自我管理的本质。

从管理上解读，修身、齐家、治国都离不开管理，修身是要从学会自我管理开始，先要知道管理本质，要有坚定的目标意志，心无旁骛，约束与实现目标无关的活动，围绕实现目标而努力，使之成为习惯，养成好性格。当内心有了真诚意愿的目标，并愿为之奋斗和养成好的性格时，当自己不受外界的诱惑、不被世俗的欲望影响时，就走在了成功的路上。当有了很强的自我管理能力时，就能专注地格物致知，学习与志向相关的知识和认知其规律性，自觉地修身专研相关领域的规律性。

古人有“头悬梁，锥刺股”自我管理的例子。东汉时期，有一个叫孙敬的人，每天读书到深夜，常常怕打瞌睡，就用绳子系住头发拴在房梁上，如果头昏要打瞌睡，头往下坠，绳子就会将他扯醒，他就用这种方法防止自己打瞌睡。经过刻苦的努力，孙敬最后成为当时的大儒，学贯古今，名噪一时，很多学子不远千里来向他请教，讨论学问。战国时期，有一个叫苏秦的人，因为在秦国求官不成，回家后被家人看不起，就将太公《六韬》《阴符》等兵法书籍，不分白天黑夜地勤奋苦读，每当到了夜深人静，头昏脑胀，眼睛发涩，总想睡觉的时候，就用锥子刺自己的大腿，使自己清醒后继续读书。最后苏秦靠自己的学识以合纵联游说六国，同心协力抗秦。孙敬、苏秦都有其发自内心的目的而发奋读书，“绳子扯头发”“锥子刺大腿”都是自己管理自己而采取的约束行动。从这个典故中，我们可以感受到孙敬、苏秦为达目的坚定修身的毅力，是在自我管理的基础上努力学习，以致知更多知识和规律性。

从修身到平天下都离不开管理，越是大型的组织、大型的活动，管理就越复杂、越重要。不论是天下大事，还是普通生活，不论是大国组织，还是小家单元，人们活动的世界就是集成后的管理集合。缺失管理就易走向混乱，混乱得不到治理就越加混乱而走向衰败，只有管理才能使混乱走向有序，科学管理使有序走向简洁高效。不管是责任使然，还是压力使然，主动也好，被动也罢，人生都绕不开管理，无论从事什么工作，学习管理知识，理解其实质并努力践行，就会助力成功，就利于心态平和、生活顺畅。

管理的四性用于修身，就要建立内心强烈愿望的目标，谋划分步实施的步骤，约束自己朝着目标努力，当心于目标、行向目标时，自然减少了受外界不良事务的蛊惑，心态平和。管理的四性用于教育孩子，就要培养孩子形成目标意识，建立每个阶段的目标，共同制定科学约束，坚决执行约束而不是溺爱，久之形成习惯，辅助孩子修身成才。管理的四性用于分析工作，首先要理解承担任务的目的和相关的约束，寻求其规律性，才能少走弯路，并可以基于对目的的理解，优化工作，提高效率。如果从事管理工作，就更应该学习管理知识，用管理科学指导工作、科学决策目标，围绕实现目标，优化约束，遵循和建立科学规律性，提高效率。对有志于研究管理学的人，探索管理本质，致知管理，更有效地普及管理知识，使人们高效地修身、齐家、平天下，使组织更加简约有效，使世界更加美好。

1.6 思考题

1. 你喜欢《西游记》中的哪个角色？唐僧最大的特点是什么？在西天取经的管理过程中，他代表了什么？他是怎样管理团队的？

2. 随着计算机技术、大数据处理技术的发展，人工智能也在快速发展，并得到越来越多的应用，Alphago 在围棋赛中已战胜人类围棋冠军。对人工智能的继续深入发展是否会危害人类？这个问题美国 SpaceX 总裁马斯克、Facebook总裁马克·扎克伯格等大咖人物都有过不同的看法，对此你应该怎样分析？

3. 在科技企业中曾讨论，外行能否领导内行，我们应该如何分析这个问题？

第二章
管理的目的性

管理的一切行动都应是围绕实现目的展开的，管理中所建立的约束是使行为导向实现目的、所形成的规律性也是为了提高行动的效率，行动、约束和其规律性聚焦于高效实现目的。目的是管理行动希望的结果，更是行动的驱动力，社会的每一点进步或科技的每一步发展，无不源于人们意识中的需求，当需求持续强烈而转化为奋斗方向并为之行动时，就形成了目的，且其目的的欲望越强、越清晰，实现目的的驱动力就越大。目的是管理中的核心。

2.1 目的

目的产生于意识，是一种需求的意识。百度百科中对意识的释义为：意识是人对于客观物质世界的反映，也是感觉、思维等各种心理过程的总和。在此借用信息学的词汇，人的意识是外界和自身信息在人体内产生的主观映像，以及通过个体的某些逻辑处理得出的结论、观念或欲望需求，并可以控制自身行为。所谓某些逻辑是基因遗传和后天学习形成的，后天学习是意识认同某种逻辑，并习惯用该逻辑去推论所形成的思维模式。尽管每个人的思维模式不完全相同，但在意识形态上会表现出共性部分，这些共性部分构成社会意识。社会意识是社会主体对客观存在的总体反映，主要表现为政治、法律、思想、道德、艺术、宗教、哲学、科学等形式。人生活在社会中，社会意识又以信息形式在个体中产生映像，能影响其思维逻辑模式。

意识具有主观能动性，能够通过个体的某些逻辑得出推论或欲望，并可以控制自身行为。人们可以不断学习、实践，建立具有自身特色的思维逻辑体系集，可以根据已经掌握的规律性和所获得的信息，通过思维逻辑的推理和想象活动，得出主观结论，或预示事物发展趋势，或创立新思想、新观念，或形成新的逻辑思维，并且这个过程可以不断重复提升，在重复提升中使人类不断进化。

目的源于意识中的需求，人受内因、外因因素影响，又由自身思维逻辑在头脑中产生某种需求意识，当需求意识强烈并为实现需求而采取行动时，需求就成为该行动的目的。目的是依据客观环境和主观需求，在意识中预先设想行为所要到达的结果，或者说是意识中预先设想的结果，并愿为到达结果而行动。从管理的角度看，目的是意识管理活动的结果，或者说是思维意识决策的结论，是在思维意识中针对主观的多种需求意识，依据需求强弱及认知的规律性分析判断本质进行决策结论。简单地讲，目的是对需求意识再分析判断，对需求意识本质的归纳、提炼和升华，并愿为之行动的意识结论。

目的源于需求意识，需求意识是多种多样的，有生理需求、物质需求、精神需求，以及需求组合，这些都可以成为行动的目的。针对人的需求分析，马斯洛在1943年出版的《人类动机的理论》一书中提出了需求层次论。动机理论把需求分成生理需求、安全需求、社会需求、尊重需求和自我实现需求五类，依次是较低层次到较高层次。

生理需求。这是人类维持自身生存最基本的要求，包括饥、渴、衣、住、行等方面，如果这些需求得不到满足，人类的生存就成了问题。从这个意义上说，生理需求是最普遍的，也是必须保障的，是推动人们行动的强大动力。

安全需求。这是人类要求保障自身安全、摆脱失业和丧失财产威胁、避免职业病的侵袭与严酷的监督等方面的需要。也可以理解为持续的需求，人们对已经获得的利益就不愿失去。马斯洛认为，整个有机体是一个追求安全的机制，人的感受器官、效应器官、智能和其他能量主要是寻求安全的工具，甚至可以把科学和人生观都看成是满足安全需求的一部分。

社会需求。这一层次的需求包括两个方面的内容：一是友爱的需求，即人人都需要伙伴之间、同事之间的关系融洽或保持友谊和忠诚，人人都希望得到爱情，希望爱别人，也渴望接受别人的爱；二是归属的需求，即人都有一种归属于一个群体的感情，希望成为群体中的一员，并相互关心和照顾。

尊重需求。人人都希望自己有稳定的社会地位，要求个人的能力和成就得到社会的承认。尊重的需求又可以分为内部尊重和外部尊重。内部尊重属于人的自尊，是指一个人希望在各种不同情境中有实力、能胜任、充满信心、能独立自主；外部尊重是指一个人希望有地位、有威信，得到别人的尊重、信赖和高度评价。尊重需求得到满足，能使人对自己充满信心，对社会满腔热情，体验到自己活着的用处和价值。

自我实现需求。这是最高层次的需求，它是指实现个人理想、抱负，最大程度地发挥个人的能力，完成与自己能力相称事情的需求。自我实现需求是在努力实现自己的潜力，使自己越来越成为自己所期望的人物。

按马斯洛需求层次理论，五种需求像阶梯一样从低到高，按层次逐级递升。其中生理需求、安全需求和感情社会需求都属于低一级的需求，这些需求通过外部条件就可以满足；而尊重需求和自我实现需求是高级需求，他们是通过内部因素才能满足的，而且一个人对尊重和自我实现的需求是无止境的。一般来说，某一层次的需求相对满足了，就会向高一层次发展，追求更高层次的需求就成为驱使行为的动力。同一时期，一个人可能有几种需求，但每一时期总有一种需求占支配地位，对行为起决定作用。任何一种需求都不会因为更高层次需求的发展而消失。各层次的需求相互依赖和重叠，高层次的需求发展后，低层次的需求仍然存在，只是对行为影响的程度大大减小。

人依据所处的客观环境和自身实际情况，会把某层级需求作为主要需求，进而有意识地采取行动去满足这种需求，随之产生了行动的目的。

除了个人目的，任何组织也都有其目的。组织是由个体人组成的，人的社会属性，使人的意识受到社会意识的影响。在某些方面，人们能达成意识上的共识，这是组织的基础，同时组织又能为人们满足某种需求提供保障。组织目的源于人们的意识，组织目的是组织的主体或全体人员在需求意识上的共性集，是组织行动希望达到的结果。

2.2 目的的特性和表现形式

目的源于需求意识，带有意识的特性，需求意识的变化影响于目的，需求意识的各种组合会在目的的特性和表现形式上反映出来。

目的的特性和表现形式，可归纳为三个特性和两种表现性形式。三个特性——延续扩张性、共存与可分解的包容性和随机变化性；两种表现性形式——表现明显的显现目的和表现隐含的潜在目的。

延续扩张性。目的是根据客观环境和主观需求，在意识中预先设想行为所要到达的结果，客观条件变化和主观认知的提高会使需求不断调整变化，反映在目的上有更好、更高、更强的延续扩张趋势。俗语说这山望着那山高，是当站在山上时眼界宽了，能从新的视角去看去认识，自然比先前更进一步。叔本华讲：人生就像一个钟摆，总在欲望的满足与不满足之间来回摆动，一个需求得到满足总会产生新的需求。按马斯洛需求层次理论，其最基本的是生理需求，对性、食物、水、空气及住房等需要都是生理上的需求，这类需求的层级最低，人的基本需求得到满足后就要转向较高层级的需求。并且当人们为目的奋斗时，技能或认知水平等会随之提高，以前看之很难实现的目的，经过努力，随着能力的提高、认知的提高，看得更远和更进一步后，进而就要完善或提升目的。这种延续扩张如果是向着正能量发展，可表现为追求完美，是促使进步、不断发展的动力；如果是向着负能量发展，则表现为无耻贪婪，是损害公利、损人利己的私欲。

共存与可分解的包容性。目的源于需求意识，人可以同时有多种意识、多种需求，只要为实现这些需求的行动不相互抵触，这些需求就可以作为目的共存。马斯洛讲，各层次的需求相互依赖和重叠，高层次的需求发展后，低层次的需求仍然存在，只是对行为影响的程度大大减小。就是说人在为高层次目的奋斗时，依然有生理需求，也要为这些需求采取行动，高层次目的和低层次目的共存于意识中，只要相互适度，其结果就不会抵触。对于组织目的也是如此，组织目的是组织的主体或全体人员在意识需求上最核心的共性集，是组织行动希望达到的结果，组织成员的目的各不相同，但在原则上认同组织目的，也能在实现组织目的的行动中达到自己的目的，只要成员在组织中的行动有利于组织目的的实现，就可以共存，这正是组织管理中最基本的共赢规律。目的既然能共存，也就可以分解，目的是行动希望取得的结果，是需要通过过程来达到的，过程不是唯一的，过程也可以分解为各阶段的子目标，子目标的实现使进程趋向于目的，是量变向质变的发展。如围棋比赛就是例子，围棋比赛的目的是赢棋、同时也可包含有为组织争光、为名为利等目的，而下棋过程中的变化是非常巨大的，围棋有黑白两色子，在 19 × 19=361 颗棋子棋盘中，考虑先后次序可以有 361！约是 1.4E768 种变化，是天文数字量的组合。专业棋手下棋的每一步都不是盲目的，是把赢棋的目的分解为若干子目的，而其中的每一步都有它的子目的，即使舍子也是战术手段为达到牵制对手的目的，为了后面的棋子发力、为了赢棋，只有赢棋才能达到为组织争光、获得名利等目的，这些目的是共存于下棋的行动中的。目的共存与可分解的包容性也构成了实现目的的多重途径，这种特性使世界千万变化、丰富多彩。

随机变化性。随机变化是指目的随外界环境影响而变化，特别是易受干扰偏离原目标。目的是根据客观环境和主观需求产生的，客观环境是变化的，事情的变化是相互联系、相互影响的，变化是绝对的，不变是相对的，世界是处于变化中的，这些变化会影响到人的意识。主观需求意识不是物质，无形于头脑中，需要靠意识中的意志力维持。在组织目的管理中，组织主旨目的或重要目的的改变是要经组织研究审定的，主旨目的的改变相当于重新开启了另一事件。目的的随机变化性特别体现在个人能主导的小目的中，个人易受所处环境影响激发潜在需求，当为实现被激发的潜在需求而采取的行动偏离原目的时，就是对原目的的干扰，是目的随环境机会的变化。仍以围棋比赛为例，下棋是为了赢棋，棋局千变万化，有时吃掉对手一片棋子是快乐的，是很有诱惑力的，但吃掉对手棋子不是目的，如为吃子增加赢棋的风险就是本末倒置了。在智能围棋 (AlphaGo) 与人的比赛中，它的每一步都在计算赢棋概率，把赢棋概率放在第一位，AlphaGo 的目的始终指向赢棋，吃子仅仅是手段。不是 AlphaGo 智商高于人，而是它的定力和算力高于人，它不会为赢棋高兴、不会贪图杀死对手一片棋子，不会顾忌棋形是否好看，它不能感觉环境，没有欲望，只有赢棋任务。人能感受环境，有内心的活动，这些会引发人的新需求，综合判断并调整是一种常态，但调整要围绕目的展开，如不加控制就可能偏离原目的成为干扰。再以会议为例，会议的主题是会议的目的，主持人就要把握会议不偏离主题，但在会议中常因各种原因跑题，这些原因背后都有其潜在的目的，或因发言人为展示才华而滔滔不绝，或为了压制对方、争强好胜而非原则地争论、抬杠，从而偏离会议主题，使会议时间加长，甚至达不到会议目的。保持目的不变，要有坚定的意志力和清晰的目的意识，要有外界的约束。目的是否改变，要用系统的思维去看，通常讲随环境变化而调整过程，子目标依然要有利于主旨目的的实现。

合理控制与利用目的延续的扩张性、共存与可分解的包容性有利于快速发展，要限制目的随机变化使行为快速收敛于既定目的。目的是否改变，要用系统的思维去看，通常讲随环境变化而调整过程，子目标依然要有利于原总目的的实现，

目的的两种表现形式：表现明显的显现目的和表现隐含的潜在目的。目的的意识属性，有个体意识和社会意识，社会意识是社会主体对客观存在的总体反映，主要表现为政治、法律、思想、道德、艺术、宗教、哲学、科学等形式。人的社会意识使其行为必然受到社会和组织的约束，受到法律、道德、伦理、宗教、艺术、组织纪律等的影响。人为社会、组织服务，遵守社会约束、维护社会利益和促进社会发展的行为属于正能量，其行为目的是名正言顺的，是可以明确宣传并受到鼓励和赞扬的。同时，人的个体意识也有自己的理念和自己的需求，为自己、为名利、为小团队利益等，当自身需求与社会意识不矛盾时，可以公开、明确地表述目的，并为此采取行动；当自身需求与社会意识矛盾时，或出于策略因素不愿公开、明确地表述自己的目的，虽然不愿公开表述，但受自身需求驱动，仍然会采取行动去实现目的。这些不愿公开的目的，但要为之付出行动的是潜在目的。组织要求公私分明，但不能做到公私隔断，在目的的表现性形式上就会有：表现明显的显现目的和表现隐含的潜在目的。

表现明显的显现目的，通常在一定范围内符合社会意识，代表着正

能量，表现为公开形式，可用文字公开表述，或发布，带有号召性，希望组织成员和社会群体都能知道，并统一在该目的下，为实现该目的而努力奋斗。

表现隐含的潜在目的，通常是因为谋略原因，或是不符合某范围内社会正能量的意识，或是性格因素，或是随机产生甚至没意识为是目的需求，等等。潜在目的在表现形式上是隐含暗示的，一般没有文字表述，不愿向公众公开，采用暗示的方式或小范围内说明。潜在目的通常附加在显现目的中，在实现显现目的的行动中增加行为以实现潜在目的，有时潜在目的是影响实现显现目的的主要因素。潜在目的随机性很强，能在实现显现目的的行动中有意或“无意识”地随机附加进去。仍以会议为例，甲在会议中的潜在目的是要打击乙，那么会议中甲对乙的发言就可能持反对意见，甚至偏离会议主题攻击乙发言的不完善之处，此时，乙临时起意要展示自己之强，与甲争论、抬杠，脱离了会议主题。甲在会议前就有潜在目的，乙在会议中受反对意见随机增加展示自己之强的潜在目的，这些都不是会议目的，也不愿公开表述，却附加在会议中，把控不住甚至使会议偏离方向。

显现目的与潜在目的是相对的，有时目的是保密的，对外的保密不公开，对内是显现的。

分析目的的三个特性和两种表现性形式，是为了解目的的特性，便于识别目的、把握目的。从管理的角度来看，要突出主要目的，并使之明显地表现出来，行动围绕主要目的，努力控制和减少附加的潜在目的，就有利于集中力量高效实现目的。

2.3 目的的确认

管理是为了实现目的，确认目的是管理中的重要事情，犹如纲举目张，目的就是管理中的纲。在管理中第一项行动就是确认目的，认清核心目的，就有利于把握行动的实质，同时要将核心目的分解为各实施步骤中的子目标，使子目标指向目的。确认目的和分解目的是相辅相成的两个方面，清晰地确认目的，可以正确地分解目的，通过分析子目的的发展趋势，也可以判断出总体发展趋势。

管理中常用到愿景、目的、目标这几个名词都有目的之含义，特别目的、目标也常混用，但细分也有差异，共识这些词的含义有利于形成共同理解。

愿景是指愿望的景象，愿景是基于现有知识和概念，不违反但可超越已认知的客观规律对未来发展的想象，通常用来描述比较长久和宏大的愿望所希望的景象。愿景常用来描述达到目的后的效果，是用语言把目的实现后的结果形象地展示出来，使人能想象目的达到后的情景画面。构想愿景可以帮助提炼目的，使目的更清晰、明确，使人更容易理解目的所希望的景象，光鲜的愿景可以吸引更多志同道合者。

目的是愿为之实现而采取行动的需求意识结论，是对某类需求集合的归纳、提炼和升华，也可以是某类需求的延展。通常目的表述的是本质的需求，是核心纲领性的，是方向性的。在目的与愿景的关系中，目的指向愿景，是愿景的主旨，愿景可描绘目的实现后的景象。

目标是对目的的具体化，是满足目的的一种期望结果，或者说是满足目的的一种表现形式。通常目标与实现目的的路径密切相关，达到目的的路径有很多，每种路径达到目的的方式不同，所需的条件不同，付出的价值不同，期望的结果也不同，综合这些因素，故表现出不同的路径对应不同的目标值，所以目标是能够满足主旨目的并含有实施路径约束的要求，目标常用于表述实现目的过程中一些步骤的具体指标，可以进行量化的评定。如果目的表示方向，目标则是目的方向的一个可标记量化的点，正所谓瞄准目标，瞄准的是一个具体的点，确定了点就确定了路径，目的是消灭敌人，目标是敌人的要害部位，要害部位可以有若干点。目标既与路径相关，也有对目的固化的作用，使日的显现出固定、量化、不变的指标，同时目标的量化特点也便于考核和制约随机的变化。通常情况下，目的、目标一致，并不细致区别，在战略思考、制定纲领时常用目的一词，要关注于目的的延续扩张，收获更多的发散思维，以识别主旨目的，优化战略路径；在完成具体事务时，常用目标一词，要量化和界定目标，要有尽快达标的收敛思维，确定具体实施路经。

目的的确认是管理的首要内容，认知目的才能把握方向。做每件事情都有其目的，认知目的就能采取有针对性的有效行动。确认目的：一种是认知他人的目的，如组织成员认知组织目的，认知上级交办事情的目的，认知合作方、客户等目的，是对他人目的的被动认知；另一种是自主决策确定的目的，如组织领导要制定组织本身的目的，要把核心目的分解成实施过程中具体行动的子目标，是主动地确定目的，学习决策知识有利于目标的选择和确定。

确认目的是社会交往和工作时常常遇到的，特别是在工作中，工作者不仅仅要清晰具体的任务、要承办的事项，也要了解事项所承载的目的，达到目的是任务或承办事项的核心，认知目的是工作之始的重要事项，清晰地认知目的就为成功奠定了基础，其工作就能更加主动。在认知目的时，既要关注表现明显的显现目的，又要关注表现隐含的潜在目的，有时潜在目的可能起主导作用，甚至是影响工作进程的重要因素。对于显现目的，可以通过文字、公开地询问，借助愿景的描绘加深理解；对于潜在目的，没有文字表述，附加在显现目的中（有时甚至使目的表述不清），在实现显现目的行动中增加行为以实现潜在目的。辨识潜在目的，需要通过其行为进行推测，行为趋向有利于自身利益的可能是其潜在目的的方向，也可以以史为鉴，从其历史行为习惯中推测潜在目的。俗语讲，听话听音，说话有其字面的意思，也有话外之音的含义，需要结合前后场景理解其意。潜在目的多源于自我意识中的私欲，为自己的名利。对于潜在目的，需要进行艺术地处理，辨识潜在目的不是为了杜绝，也难于杜绝，而是探究影响完成任务的主要因素，要艺术地引导使之可以伴随但不能影响主目的的实现。古人云“难得糊涂”，是明白了为实现主目的必然会附加有潜在的目的，并清楚了解这些附加的潜在目的是和实现主目的共同前行并不影响主目的时，能调动其积极性就暂且糊涂；当潜在目的的行为妨碍主目的实现时就不能糊涂，必须要采取限制行动，若不加限制，或限制行动不力，潜在目的就可能发展超越主目的，事情的本质就发生了改变。通过辨识潜在目的，就可以有针对性地采取措施，引导行为向有利于实现主目的的方向发展。诸如，在市场经济中的竞争机制下的合同制，是把目的确定为清晰的目标，双方都不能超越合同限定下的条件，虽没有限定潜在的附加目的，但市场竞争机制压缩了乙方的潜在目的，是鼓励在限定的条件下通过高效、保质完成合同才能获得合理利益。随着科技的发展、大数据的应用，人们也将更加“透明”，这对辨识和制约潜在目的都会起到有效的作用。

无论是认知他人的目的，还是自主决策确定目的，都可以借助描绘愿景的方式加深对目的的清晰认知，想象目的实现带来的景象，描述景象是把抽象的概念形象化，易于理解、共识。景象可以触发灵感，使思维更加活跃，预测目的延续扩张可能的方向，看得更高更远，就会更主动。

构建愿景，是由某个概念或问题所产生的初始需求进行发散想象，想象满足这些需求带来的景象，设想当初始需求满足后或其景象会引发的下一步的需求是什么，再下一步是什么，由初始需求满足后引发的需求也就是目的延续扩张性的表现。与此同时，对应初始需求在社会上也会有类同的需求，需求对应景象，由景象想象可能引发的新需求，以此循环拓展思维，汇总同类需求，连接构成需求鱼刺图，描绘出愿景。图 2–1 所示为需求鱼刺图。

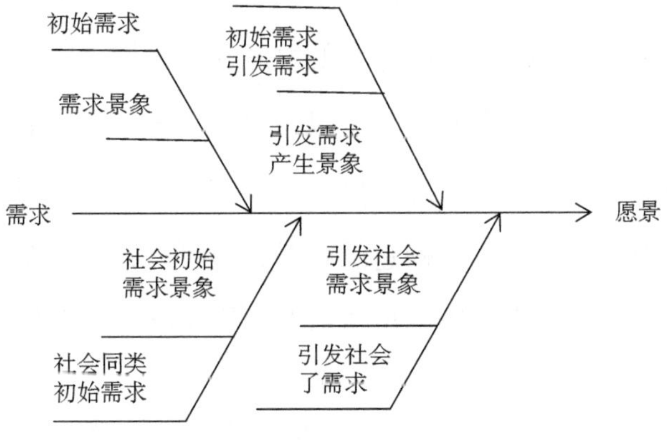

图 2–1　需求鱼刺图

在构建景象发散思维时不用考虑怎样实现，只要不违背客观规律，不论是否可行都可以设想，如同头脑风暴法。如果是多人构思，应有人记录，画出鱼刺图，图形可引发想象。组织者要善于引导，将看似不着边的发散思维再次扩展引导至与主题相关的方向，将其关联起来，这需要开拓性思维，有丰富的知识与联想力。在发散思维阶段，很多想法是经不住推敲的，最开始时不要有反对声音，特别是领导，更不能反对，约束会阻挡思维发散，很多发散想法虽经不起推敲，但沿其思路再想想可能会给别人提示，要从不可能中诱发出新思路。

在发散思维后，借鉴目的共存的包容性进行归类，归类的方式有很多，可以按需求层次、先后次序、人群类别、行业化分以及逻辑关系等进行逻辑分析和量化的分析统计，描绘、提炼出每类需求及景象要点。进一步的专业分析判断可行性，依据基础、环境、技术可行、受众群体大小、市场等因素，寻找亮点，描绘出愿景，用形象和动人的词汇概括出核心目的，画龙点睛提炼出目的，以及能使人向往、追随的方向。

构建愿景的方式，也可以由需求引出，分析这个需求的概念，从概念出发，通过定义概念设想其可能带来的发展和景象，可能满足的需求，从而描绘出愿景。这种方式在开始时可以使思维不困于技术的可行性，相对简练一些，但前提是要选好概念。也可以从需求出发，设想技术可能的发展趋势，从而推导出愿景。在构建愿景时，也可以结合概念与技术的发展趋势进行迭代。图 2–2 为从概念与技术发展构建愿景的两种方式示意图。

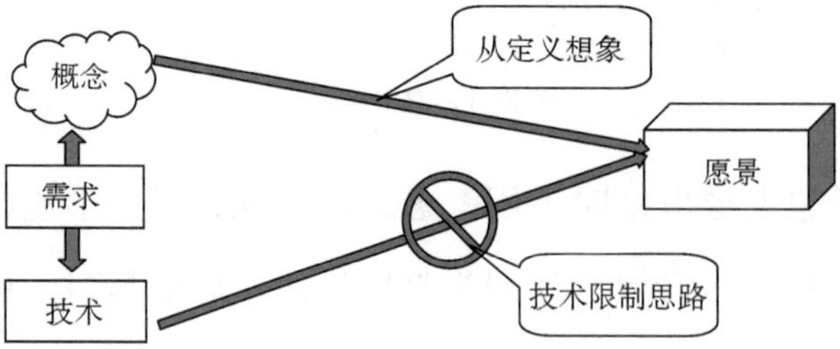

图 2–2　从概念与技术发展构建愿景的两种方式示意图

马云创业时为阿里巴巴描绘了愿景——“让天下没有难做的生意”。互联网之前的买卖，要到拥挤的商店选购，要自己运输商品，商家联系上下游业务都是费力的事。方便购物是社会的需求，有了互联网以后，马云结合互联网的概念，构想了通过互联网，在网上设立电商解决买卖间的麻烦而方便购物的愿景，“让天下没有难做的生意”虽是简短的一句话，却画龙点睛地描绘出了愿景，并以此动员他的团队形成共同目标，为之奋斗。

华为创始人任正非在2016年5月30日召开的全国科技创新大会、中国科学院第十八次院士大会和中国工程院第十三次院士大会、中国科学技术协会第九次全国代表大会上发言：“从科技的角度来看，未来二三十年人类社会将演变成一个智能社会，其深度和广度我们还想象不到。”“华为现在的水平尚停留在工程数学、物理算法等工程科学的创新层面，尚未真正进入基础理论研究。随着逐步逼近香农定理、摩尔定律的极限。而对大流量、低时延的理论还未创造出来，华为已感到前途茫茫，找不到方向。华为已前进在迷航中。华为正在本行业逐步攻入无人区，处在无人领航、无既定的规则、无人跟随的困境。华为跟着人跑的‘机会主义’高速度，会逐步慢下来，创立引导理论的责任已经到来。”“我们鼓励我们几十个能力中心的科学家，数万专家与工程师加强交流，思想碰撞，一杯咖啡吸收别人的火花与能量，把战略技术研讨会变成一个‘罗马广场’，一个开放的科技讨论平台，让思想的火花燃成熊熊大火。”任正非的发言展现了愿景的重要性，也说明构建好的愿景绝非易事。“跟着人跑”是前面有“远景”，是现实存在成功的范本，可使我们少走弯路，快速发展，当赶上了远景，前面没有成功的榜样，就面临方向是哪的问题。摸着石头过河，要知道过河的走向，弯道超车要知道道路在哪里，而当没有道路时就不知道方向。建立愿景就是探索方向、引领创新发展。

构建愿景是高层管理者的重要职责。愿景不仅可以帮助构想目的，也有利于团队理解目的。愿景的描述比抽象的概念更易产生形象记忆、共鸣并激发想象创新。在构建愿景时也应把组织成员个人所能获得的利益联想和描绘在其中，使组织成员感受到实现愿景是和自己目的相吻合的，是能保障和获得自身利益的，是与自己相关的，以调动起每个人的积极性。组织是由个人组成的，有这样一句话，“我为人人，人人为我”，这句话反映了组织与个人的相互关系，成员为组织工作，组织关爱成员，关爱体现在合理满足成员在组织中的需求上。这种个体的利益需求都可以成为其为组织工作的目的，只要不与组织目的冲突，将其在组织的目的中一同表达出来，使组织的目的与成员利益包容性共存，有利于调动成员的积极性，助力目的的实现。

通过愿景理解目的，就有利于掌握原则，在万变的环境中目的不变，而实施路径可以优化调整，调整原则有利于实现主旨目的。在清晰目的的基础上，要把目的与路径结合起来，随环境的变化可以优化路径，修订目标，不同的路径其目标可能有所差异，但都应保证实现主旨目的，把握目的就掌握一丝主动，利于抓住机遇，助推目的的实现。对管理者而言，应清晰理解目的、明确目标，围绕实现目标工作，同时要敏感于相关的变化，合理优化调整或提出合理化建议。

2.4 围绕目的决策

从日常生活中简单的选择决策，到大型管理中复杂的方案决策，其实质都是在可能实现目的的目标体系中进行选择，或者说是在多种目标值的比对中选取最优的、可以接受的目标值。

在目的确认后，要围绕目的决定实施的路径，实现目的的路径有很多，不同的路径都可能达到目的，但每种路径所需的实施条件不同，有的路径风险小一些，有的路径经济利益高一点而风险也大，有的社会利益大一些，有的路径艰难一些，有的路径轻松一点，有的时间周期长，有的时间周期短等因素组合在一起，按价值、风险归类这些因素，表现为每种路径的付出价值、收获价值和可能实现目的的概率不同，在决策时考虑这些不同并纳入目标体系中就构成了不同途径对应不同的目标值。决策就要预测每条路径可能达到的目标值，并对比每条路径的目标值，从中选出决策者认为最佳的或者可接受的目标值，其对应的路径就是决策选定的方案。决策的难点在于，每条途径所达到的目标值是预测值、是不确定的，对目标中每项值的权重也难以衡量、难以量化，而每个决策者的主观判断、性格偏好，对目的的理解不同，甚至可能有的潜在目的，以及追求完美目的特性使对比（优化）的标准也不一样，这都增加了决策的难度。但决策是不可避免的，是人们生活中的常态，是管理过程中的重要工作。

仍以 AlphaGo 智能围棋为例，AlphaGo 的目的始终指向最终赢棋，在下棋中的每一步都要决策下在哪，虽然不知道对手的后续下法，但 AlphaGo 要依据棋围棋规则和它自身的逻辑组合，根据棋面布局，计算出每个点的赢棋概率（目标值），选取最大的赢棋概率点为决策结果。每个点的赢棋概率并不是最终的结果，仅是当前局面中 AlphaGo 计算出的预测赢棋概率值，每步棋的决策都是把概率值作为目标值在众多目标值中选取最大值，当然求目标值是非常难的。

决策是为实现目的，根据实际情况和某些规律集评估实施路径可能达到的目标值，并按某种倾向选取路径。决策难点是对路径结果值进行预测，以及对可行性、可靠性、经济性、政治意义、周期、使用性等进行综合比对并按某种倾向决策。从目标的角度看决策，是依据目标选取实施的路径，要先把实现目的的边界条件明确并转化为目标要求，也要评估各路径可能达到的结果，结果与目标对比决策路径方案。决策是围绕目的预测路径结果与目标要求循环优化的过程，目的是战略意图，目标是战术途径。

决策的方法有很多，有其技巧、方法、工具，是一门科学。如对路径的目标值预测要有与之相关的专业知识和经验，对目标值的综合比对要有量化的方法与工具。决策也有前提条件，问题的描述要准确全面，主旨目的要清晰，要了解客观环境条件，掌握发展趋势及相关规律，评价的标准要客观。在决策上还没有像 AlphaGo 那样的智能决策系统，但智能辅助是发展方向。在很多教科书中对决策方法做了详细的介绍，便于大家了解，这里做纲领性的简介。

决策树（Decision Tree)

决策树，是把决策节点画成树状枝杈的辅助决策工具，是一种简单高效并且具有强解释性的模型，是直观运用概率分析的一种图解法。每个决策或事件都可能引出两个或多个子事件，得到不同的结果，在已知或估算各种情况发生概率的基础上，运用概率事先演化事物发展的可能路径，并画出来，就得到类似树枝干的图形，求取每枝树干净现值的期望值，评价项目风险，再从中寻找确定最优方案。

构成决策树有四个要素：1. 决策结点；2. 方案枝；3. 状态结点；4. 概率枝。

绘制决策树决策模型图：

1. 绘制树状图，根据已知条件排列出各方案的各种状态；

2. 标示损益值，将各状态概率及损益值标于概率枝上；

3. 计算期望值，计算各方案期望值，并标于对应的状态节点上；

4. 剪枝做决策，比较各方案期望值，并标于方案枝上，将期望值小的（即劣等方案）剪掉所剩的最后方案即为最佳方案。

应用决策树有 5 个前提条件：目标、方案、变量、损益和概率，这是决策树形成的必要条件。决策时通过决策树计算出每个状态节点的目标期望值，即该状态节点下的所有概率枝的概率与其概率枝结果乘积之和，$\Sigma P_i \times M_i$，P_i 为概率枝概率，M_i 概率枝结果预测值，比较状态节点目标期望值高的为优。图 2–3 为决策树示意图：

状态节点 1 的目标期望值为 $\Sigma P_{1i} \times M_{1i}=0.8 \times 5+0.2 \times 50=14$；

状态节点 2 的目标期望值为 $\Sigma P_{2i} \times M_{2i}=0.6 \times 10+0.4 \times 40=22$；

运用决策树时要寻求各概率枝的概率 P_i，及对应概率枝结果 M_i 的具体量化数值。上例计算结果状态节点 2 的目标期望值为 22，优于状态节点 1 的目标期望值 14，则状态节点 2 的方案为优。

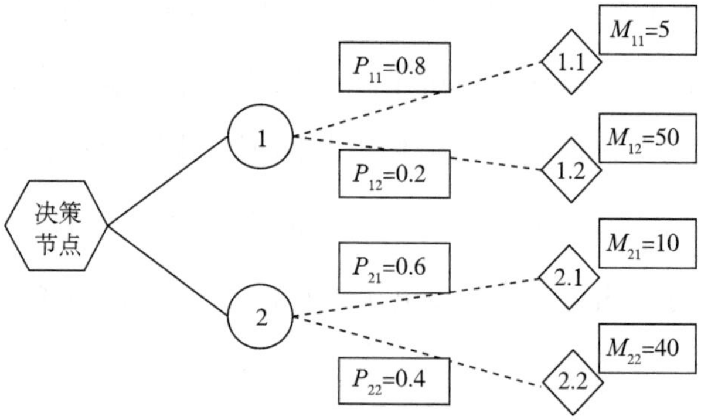

图中：—— 表示方案枝；　--- 表示概率枝P；
○ 表示状态节点；◇表示节点结果M

图 2–3　决策树示意图

德尔菲法（Delphi method）

德尔菲法最早出现于 20 世纪 50 年代，是当时美国为了预测在其遭受原子弹轰炸后可能出现的结果而发明的一种方法。德尔菲法可以用于科研计划、研究项目、科研方案和成果等的评价，也可以用于各种评价指标体系中对权重的设置，用于决策中对发展的预测或对其选择路径的评价等。

德尔菲法有三个特点：

一是匿名性。在实施过程中，可以让专家彼此不知道有哪些人参加，这样既不受权威意见的影响，也不会使专家在改变自己意见时顾虑自身威信，各种不同论点都可以得到充分发表。

二是反馈性。专家从反馈回来的信息中可以了解其他专家的判断意见，以及专家们对某些观点的同意或反对理由，在参考他人理由后做出新的判断，经反复多轮后，考虑问题的角度就比较全面，判断趋于收敛一致。

三是统计性。对每个选项进行打分评定，运用数理统计分析方法对专家意见进行处理，可以反映专家意见的离散程度等信息。

德尔菲法流程是，针对所要评价的问题，采用背对背方式征询专家匿名发表的意见，在征得专家意见之后，进行整理、归纳、统计，再匿名反馈给各专家，再次征求意见，可以针对特定问题反复多轮征询专家意见，直到意见趋于一致为止。在这个过程中，也可采用加权打分进行量化评定。下面以评估为例，如图 2–4 德尔菲法评估框图，其步骤如下：

1）确定评估项目及目的，拟定调查提纲，准备向专家提供的资料（包括目的、约束条件、期限、评估要素、调查表以及填写方法等）。

2）成立专家组。按照评估项目所需要的知识范围，确定专家。专家人数的多少，可根据预测课题的大小和涉及面的宽窄而定。

3）向专家明确要评估的题目和目的以及有关要求，并附上相关的背景材料，同时请专家提出还需要什么材料。

4）各个专家根据他们所收到的材料，提出自己对评估要素的建议，以及每项要素的权重系数，需要时亦可说明理由。

5）根据专家对评估要素及其权重系数的建议，进行数理统计，合理分析，可以合并密切相关要素。确定评估要素及各要素系数，建立评估模型。若数理统计偏差很大，可做说明，重复第 4）步骤。

6）向专家介绍要评估项目的具体内容，特别针对评估要素详细介绍，回答专家的质疑。

7）专家根据介绍对评估要素进行打分。

8）统计专家的打分，按评估模型进行数理统计，得出项目的评估值。分析数理统计值，看其散差的大小，以及各要素的散差大小，可以判断专家意见的一致程度等因素。

这是德尔菲法的变形运用，可根据实际情况裁剪，在有评估模型时可跳过4）、5）步。在用德尔菲法进行预测时可在第4）步改为由各个专家根据他们所收到的材料和专业知识，提出自己的预测意见，并说明其理由。后续的步骤类同，都为归集和交换意见。德尔菲法要求通过匿名和函询的方式，是为了免受外界干扰，同时该方法过程比较复杂、花费时间较长，在实践中可以灵活掌握。

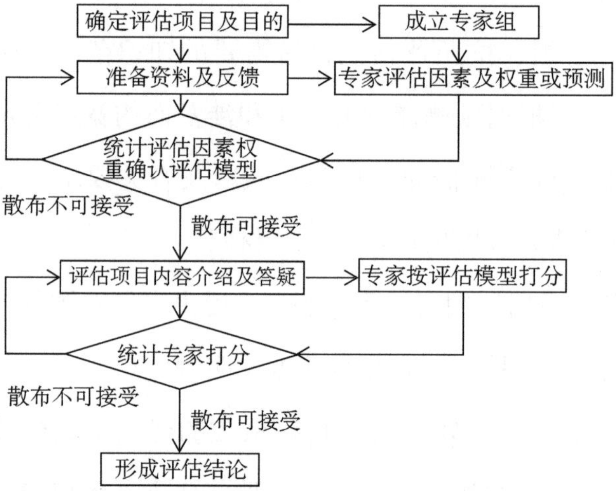

图 2–4　德尔菲法评估框图

多目标决策方法

多目标决策是对多个相互矛盾的目标进行科学、合理的选优，然后做出决策的理论和方法。多目标决策是经常遇到的，所谓多目标，可理解为目的中包含多个目标，或目标中包含多项指标要求。如在研制运载火箭时，其目的集合是满足多用户需求研制出最有市场竞争力的运载火箭，具体表述市场竞争力是运载能力高、可靠性高、价格低、发动机选型污染少、供货周期短、使用方便等等，这些都是目的中的某个方面的目标，运载火箭方案设计面临多目标决策。当一个项目有多个目标属性时，就构成了多目标决策，多目标决策的核心是寻找目标间的逻辑量化关系，其最常用的量化方法是线性加权的方法，也可以对多目标进行简化，简化的原则是删除不重要的目标、合并同类目标。

多目标决策主要遵循的准则为：

1）在满足决策需要的前提下，尽量减少目标个数。可采用剔除从属性目标，并把类似的目标合并为一个目标，或者把那些只要求达到起码标准而不要求达到最优的次要目标降为约束条件；以及通过同度量求和、求平均值或构成综合函数的方法，用综合指标来代替单项指标的方法达到目的。

2）按照目标的轻重缓急，决定目标的取舍。为此，就要将目标按重要程度排列出一个顺序，并规定出重要性系数，以便在选优决策时有所遵循。

3）对相互矛盾的目标，应以总目标为基准进行协调，力求对各目标全面考虑，统筹兼顾。

在运载火箭方案设计多目标决策中同样应用这些原则，把一些目标量化变为约束，如采用无污染发动机、限定运载火箭直径等减少多目标决策中的目标个数。

归纳上述方法的共性是通过某种模式将非量化的决策问题转换为一

定量化的目标，通过数学的模型求目标的综合数学值，数值的差异是显而易见的，便于决策统一思想。不同决策方法有其相应的数学模型，其决策分析思路依然是模糊量化或量化的概率分析。如，层次分析法（AHP），在20世纪70年代中期由美国运筹学家托马斯·塞蒂（T.L.saaty）提出。层次分析法，是将与决策有关的元素分解成目标、准则、方案等层次，通过指标定性模糊量化方法算出每一层次的各元素对上一层次某元素的优先权重，求解加权和的方法选取最优方案。又如，贝叶斯分析方法（Bayesian Analysis）提出了一种计算假设概率的方法，根据自然状态的先验概率（来源于历史统计或主观判断）与样本信息综合，再根据贝叶斯公式，得出后验信息，然后根据后验信息去推断未知参数的方法，所有需要做出概率预测的地方都可以见到贝叶斯方法的影子。

随着现代科技的发展，行为能够被量化为数据，大数据时代已经开始，数据的积累及分析方法将为量化决策提供基础，有助于提升决策的准确性、快捷性和选取最佳方案。大数据也为人工智能辅助决策提供了基础。

2.5 目的的重要性

见靶张弓射红心，
临河抛饵诱金鳞。
胸有锦绣方动笔，
心知泊港始行船。

这首网络上的小诗表达了明确目标再开始干的思想，表述了目的的重要性。工作始于目的，目的在管理中非常重要。

中国四大名著之一的《西游记》，讲述的是唐僧师徒四人西天取经的故事，故事中有很多情节体现了管理思维，从管理的四性上分析，这也是很好的案例。

《西游记》讲述了唐玄奘经菩萨指点奉唐朝天子之命前往西天取经的故事。途中路经五指山收得齐天大圣为徒取名孙悟空，继而在高老庄又遇到了因调戏嫦娥被逐下天界的猪八戒，收其为徒。师徒三人来到流沙河，收服水妖为徒，取法名悟净，从此唐僧带着三个徒弟历经千难万险，最终来到灵山，唐僧在凌云渡放下了肉身，为普度众生终于取回了真经，回到大唐长安，把大乘佛法广宣流布。一路勇敢无畏的孙悟空也成为斗战胜佛，八戒、沙僧、白龙马分别成为净坛使者、金身罗汉、八部天龙马，功德圆满。

在《西游记》中，唐僧虽然远不如孙悟空有能耐，但唐僧代表了团队目的，西天求取真经的目的是普度众生，所以唐僧是西天取经队伍的最高管理者。孙悟空、猪八戒、沙僧都有驾云飞天或多样变化的能耐，但唐僧只能骑马一步步走，也代表了目的只有一步步去实现。

在女儿国的故事中，唐僧不被地位、美女、金钱所迷惑，是靠心中普度众生的坚定目的激发出坚强的意志。也是讲不能因为诱惑或一时的利益而改变目的，被诱惑了就取不到真经，达不到普度众生目的，改变目的就成了另外的故事。

在三打白骨精的故事中，孙悟空三次将白骨精假扮的媳妇、公婆、公公打死，唐僧认为孙悟空的行为触犯了目的的底线，取经是为普度众生，而滥杀无辜则与之不相容，三次不听劝阻属屡教不改，再有本事的人妨碍到实现团队目的也不能留，因此把孙悟空开除了团队，体现了唐僧围绕实现目的进行管理的坚决行动。当然这个故事也反映了真实信息的重要性，管理的决策依赖于所获取的信息。

再看孙悟空，虽然非常有能耐，但在遇到唐僧之前没有目的，当有了目的就受到了约束，就如同戴上了紧箍咒，当孙悟空的行为背离团队的目的时，唐僧就要念紧箍咒，要为实现目的规范行为，也就是行为为实现目的服务，行为不能妨碍目的的实现。

在《西游记》中，猪八戒这个角色格外贴合实际，猪八戒有些能耐但又不如孙悟空，还特别易受外界的诱惑产生自己的附加目的，比如要回高老庄娶媳妇。必须要有一个“大哥”式有能耐的孙悟空制约猪八戒，因此孙悟空也有着管理者的角色。

《西游记》中也体现了目的的共存可分解性，孙悟空、猪八戒、沙僧在西天取经团队中为实现组织目的服务，在取得真经的同时，孙悟空修得正果被加封为斗战胜佛，猪八戒被封为净坛使者，沙僧被封为金身罗汉，大家都达到了自己的目的，实现了共赢。《西游记》中有很多风趣的故事，从管理学角度解读一些章节可作为管理的小案例。

我们再看卧薪尝胆的故事。春秋时期，吴王夫差凭着自己国力强大，派兵攻打越国。结果越国战败，越王勾践被抓到吴国。吴王为了羞辱越王，派他做看墓与喂马这些奴仆才做的工作。越王心里虽然很不服气，但仍然极力装出忠心顺从的样子。吴王出门时，他走在前面牵着马，吴王生病时，他在床前尽力照顾，吴王看他这样尽心伺候自己，觉得他对自己非常忠心，最后就允许他返回越国。

越王回国后，决心洗刷自己在吴国当囚徒的耻辱。为了告诫自己不要忘记复仇雪恨，他每天睡在坚硬的木柴上，还在门上吊了一颗苦胆，吃饭和睡觉前都要品尝一下，为的就是要让自己记住教训。除此之外，他还经常到民间视察民情，替百姓解决问题，让人民安居乐业，同时加强对军队的训练。

经过十年的艰苦奋斗，越国变得国富兵强，于是越王亲自率领军队进攻吴国，也取得了胜利，吴王夫差羞愧得在战败后自杀。后来，越国又趁胜进军中原，成为春秋末期的一大强国。

从卧薪尝胆的故事中可以看出，强者吴王是管理者，但吴王辨识不出俘虏越王勾践的潜在目的，觉得越王很忠心，就放松了防范，使政权丢失，连命都没了；越王勾践有着强烈复国的目的，为实现报仇、复国的主目的忍辱负重，卧薪尝胆克制自己的其他欲望，一切为主目的而行，最终战胜了吴国。卧薪尝胆的故事也提示了人们辨识目的和坚定目的的重要性。

在第一章的思考题中，我们提出了人工智能是否会危害人类的思考。很难设想以服务于人类为目的而发展的人工智能技术会危害人类。分析这个假设要进一步界定几种状况，一是人工智能没有自我意识，仅是因各种因素产生错误的输出，是算法、模式错误，此时人们只要能够及时发现就能终止，人工智能并不能对抗人类，虽然可能会给人们造成损失，但不能危害全人类；二是人工智能发展到某种高级阶段，若有人利用人工智能为其设定对抗世界的目的,这是借助人工智能工具反人类的行为,人工智能并非自主产生对抗人类的目的,是服务于某些人的目的,当其助纣为虐时,对人类的危害也很大;三是人工智能发展到同人一样能够产生自我意识、自我需求并当把自我需求作为目的时,人工智能就可能不受人类控制,若产生危害人类的意识就可能与人类对抗,其控制范围越大,对人类造成的危害就越大。

现在的人工智能还没有自我意识、喜怒哀乐和七情六欲。有人说人工智能永远不会产生意识,意识是人类特有的,是人类的骄傲,这是类同先有鸡还是先有蛋的哲学问题,但科技发展总是有人要去"尝试"各种可能,科技的发展突飞猛进,人们所不能预测的东西还有很多。埃隆·马斯克(Elon Musk)曾指出,人工智能可能成为凌驾于人类之上的"永生独裁者","应该有一个专门的政府机构来监督与人工智能有关的一切事宜,以确保人工智能不会带来公共安全风险"。这正是管理之责。

通过这些案例,希望能进一步理解目的的特性,认知目的重要性。目的使人有了奋斗方向,宏伟的目的催生伟大的事业,坚定目的是自觉抵抗诱惑、自发奋斗的动力,认清主目的,控制潜在的附加目的可以少走弯路,提高效率快速前进。

2.6 思考题

1.1996年,中国航天工业总公司在总结航天40年来处理各种质量问题的规律和实践经验的基础上,明确提出了航天型号产品质量问题归零的五条标准,即"定位准确、机理清楚、问题复现、措施有效、举一反三”。定位准确是根据实际情况，对在航天型号产品研制过程中发生的质量问题，要准确确定发生问题的部位；机理清楚是指质量问题一旦定位后，要通过地面试验和理论分析等各种手段，弄清问题发生的根本原因；问题复现是指在定位准确、机理清楚后，通过地面模拟试验、仿真试验或其他试验方法，复现问题发生的现象，从而验证定位的准确性和机理分析的正确性；措施有效是指在定位准确、机理清楚的基础上，制定出有针对性的、具体可行的纠正措施以及实施计划，并且措施要经过评审和验证；举一反三是把发生的质量问题信息反馈给本单位、本系统、本型号和其他单位、其他系统、其他型号，从而防止同类事件的发生。

定位准确是前提，是处理质量问题的基本条件；机理清楚是关键，要求广大科研工作人员对质量问题不仅要知其然，还要知其所以然，只有弄清问题的本质，才能对症下药，制定出切实可行的措施；问题复现是手段，只有通过问题复现，才能验证定位是否准确、机理分析是否正确；措施有效是解决质量问题的核心，真正有效的措施不仅仅要消除现存的不合格或缺陷，还应确保不再发生重复性的质量问题；举一反三是延伸，是对某个质量问题的处理不能就事论事，也不能只局限于本型号、本单位，只有做到举一反三，才能防止质量问题重复发生。中国航天的“质量问题归零五条标准”已成为世界宇航界的标准。

五条标准的目的是什么？当运载火箭在发射场、临射前出现质量问题时应该怎样执行这五条标准呢？质量问题归零五条标准能在其他领域执行吗？

2. 有一铁路道岔伦理选择题。有两条铁轨，一条新的，一条旧的。

有了新铁轨后，旧铁轨不再有火车通过，一天十个小孩到铁轨上玩耍，九个小孩在新铁轨上玩耍，其中有一个小孩在旧铁轨上玩，并提醒九个玩伴新铁轨不安全，还是到旧铁轨上玩吧，但九个小孩没有听一个小孩的劝告，仍然在新铁轨上玩，突然一列火车开来，这时扳道工要做决定，火车一直沿新铁轨开要压死九个小孩，但扳道到旧铁轨上只压死一个小孩。原题问如果你是扳道工会怎样选择？在本题中思考你能帮助扳道工做出决定吗？

第三章
管理的约束性

约束的原意是将丝缠绕成一束的动作称为“约”，缠绕好的丝即为“束”，引申为制约、控制等意。在“科普中国”科学百科词条中对其是这样解释的：对所考察物体起限制作用的其他物体，称为约束。约束是客观的存在，也是主观的存在，按照宇宙起源的相关学说，此刻宇宙的形态就依赖于此时约束的维持，这体现了约束的客观存在。人类社会的意识约束维持于社会关系，解放思想就要把主观中已有的不合时宜的意识束缚放松，这体现了约束的主观存在。约束是普遍存在的，约束构成了世界的形态和社会关系，无论你是否认知约束，你都生活在约束中。探究事物间相互联系、相互影响的规律性形成各种学科，管理科学把目的与行动间的约束规律性作为重要研究内容，探究管理中的约束本质，提高约束效能。

3.1 管理约束

客观世界是由物质组成的，物质之所以能保持现有的形态是因为受约束限制。太阳系围绕银河系运动，地球围绕太阳运动，人生存于地球等都受引力约束，没有引力约束就没有现在世界的状态。人们追求自由，但没有约束的自由是不存在的。就人身体结构而言，骨骼、肌肉、神经有机地组合在一起，肌肉约束了骨骼，使人能运动又有运动之限制，神经感受环境又受机体的限制。约束不仅存在于客观物质世界，也存在于人的主观意识里，意识不受约束就无法集中精力，就不能专心思想。意识受生理结构、知识、经验等思维逻辑约束进行思想活动，无论这些思维逻辑约束是否正确，都存在于人脑中，约束人的意识活动。人的主观能动性或者说人可以有意识地通过学习、实践等修正思维逻辑，产生新的思路，形成新的意识约束。当人的思想被束缚时，意识受到某种逻辑的强烈约束，解放思想就要有意识地跳出某些已有的思维逻辑约束，尝试用新的逻辑思维去思考。

约束的范畴非常广泛，从自然客观世界到主观世界都有约束。所谓客观世界约束，是客观存在不受意识支配，如地球围着太阳转，月球围着地球和太阳转，等等。牛顿第二定律 $F=ma$ 是客观的规律，人类仅是感知或总结出其中的一些规律。所谓主观约束，是人的意识受生理结构、知识、经验、外在环境、禁忌等思维逻辑的约束，是承载在人的意识思维习惯中的。

管理存在于社会环境中，受社会环境的约束，同时管理为了达到目的也要建立内部的约束。换句话讲，管理的约束应在遵循社会环境约束条件下，建立有利于实现目的的内部约束。社会环境约束包含很多内容，如客观物质条件，对客观规律的认知，所在国家的法律、政治环境、社会、团体、道德、宗教、风俗、经济等等。管理的内部约束，如组织内的规章制度，组织内实际存在的规律性，等等。管理中的约束是通过客观形式的约束反映到主观意识中，意识认同后在行动中遵守该约束，管理约束通过客观形式使主观意识受到约束。

人的行为是受自己意识控制的，人遵守约束是意识认同约束，或认知遵守约束带给自己的利益。例如，航天员在太空舱外活动必须要穿舱外航天服，虽然穿舱外航天服很麻烦、行动也不方便，但航天员出舱时会自觉地穿上航天服，因为航天员明白在舱外没有航天服的保障会立刻失去生命，航天员的意识强烈认同出舱穿航天服，就会自觉遵守约束。又如，为保障行车安全，我国交管部门要求司机开车必须系安全带，但有些司机认为系安全带麻烦，自己驾车技术高不会出事，而不系安全带，是其没有建立强烈的交通安全意识，在万一出事保安全和避免安全带约束之间，意识忽略了前者选取了后者，没能自觉遵守开车系安全带的约束。

再做一思想实验，设想法西斯统治者要你去杀一敌对势力的儿童，若你不杀则杀你。可能有三种状态：一是意识认同而去杀敌对势力的儿童，也不会产生自责；二是意识不认同，但迫于自身生命的威胁而去执行，或许大多数人处于第二种状态，是一种极端意识受到约束的状况，尽管自身思想意识不同意，但迫于生命威胁，权衡比较后依然是自保的意识战胜利他的意识，终是意识支配行动而去执行；三是意识坚决不认同，也会有利他与利己的意识斗争，但利他意识战胜了利己意识，宁可牺牲自己也不执行。人的行为是受意识控制的，思想意识会权衡利弊产生行为意识，行为意识控制其行动，所谓本能就是一种意识习惯，没有经过思考就采取了行动，仍是人的意识控制其行为。

马克思主义哲学认为意识由物质所派生、为物质所决定的同时，又肯定了意识的能动性，肯定了意识对物质世界有巨大的反作用。同理，管理的约束是通过某种外在的客观约束形式，反映到主观意识中希望使人的意识朝向有利于目的实现的方向，使其意识控制行为符合管理约束。直白地说，管理约束是通过某种形式约束意识认同并遵守管理的客观约束要求，减少意识发散，避免风险，以有利于目的的实现。这里的约束意识并不是约束思想的自由，仅仅是强调约束通过意识而起作用，是通过某种形式使意识认同约束，形成意识中的约束，在本书中称为意识约束，管理约束通过意识约束发挥作用。

管理的约束不仅仅是束缚，还有激励含义，是激励与限制行为为实现目的服务，形成意识约束不是目的，而是让意识认同目的，有效防范差错、减少风险，保障有效实现目的。

认清管理约束的实质，就可以通过其表面形式，看透本质，可以科学研究、合理运用，以提高效率。管理约束的表现形式可以分为直接的思想意识教育、行为规范约束和物理的限制。当然这些形式不是单一的、绝对的，可以采取组合应用，实际中任何约束形式都要和宣传教育相结合，使人的意识认同而遵守约束。

思想意识教育是从心理意识上启发，引导人们在意识上的认同，是直接引导意识统一到目的上，意识的统一就能使人心悦诚服地自觉行动。例如，开展“不忘初心、牢记使命”主题教育，切实做到不忘初心，党员干部需要坚定理想信念、强化宗旨意识，就要有非常坚定地为人民服务的意识，要时刻把为人民服务的意识放在第一位，就能自觉地自我净化、自我完善、自我革新，不断提高自身的综合素质。又如战前的动员会、誓师会、表彰会等都是树立坚定完成目标、以完成任务为荣的强烈意识。思想意识教育也包含对遵循约束可以趋利避害的宣传，使人们认知遵循约束可以规避风险，遵循约束可以提高效率获得更高受益，反之违反约束就会有风险，就可能带来损失。思想意识教育多是利用广播、电视、电影、书画、报刊、戏剧、讲台、学习、培训等方式进行宣传，另外通过宣传典型的案例、构建愿景、发布有特色的标语、形成某种氛围等都是有效的方式。

行为规范约束，泛指通过约束行为，使行动符合某种规范、制度、要求等等，从而达到其约束的目的。行为规范是社会群体或个人在参与社会活动中所遵循的规则，是社会认可和人们普遍接受的具有一般约束力的行为标准，这里泛指对行为的约束要求。行为规范约束是通过规范行为形成意识约束，当自觉遵循行为规范约束时是意识认知和认同行为规范要求，是行为规范反映于意识中，意识遵循行为规范控制行为。行为规范可以使动作熟练，形成习惯，减少散漫意识的干扰。

例如，小学老师要求小学生手背后坐好，这是行为约束，但目的并不仅是要求整齐，主要是要求约束手的动作，通过使小学生减少手的小动作，而约束其意识的分散，使之能够集中精力学习；再如军队新兵要练走方队，可以使新兵增强集体意识和服从命令的意识，潜移默化地约束自由散漫的意识。行为规范约束可以通过法律规定、行政规章、制度要求、道德规范、行为规则和作业流程等要求表现出来。

物理限制约束是采取物理手段限制人的行动以施加意识上的压力。例如，2006 年 10 月 26 日，美国总统布什签署了授权在美国和墨西哥边境建立隔离墙的法案，要通过建立一道绵延千里的隔离墙阻止大批非法移民从墨美边境进入美国。特朗普上任后继续加固美墨边境隔离墙，阻止非法移民无节制地涌入美国。边境墙就是物理约束，增加越境的困难，同时也显示出美国政府阻止非法移民的决心。对有非法越境想法的人来说，感受到越境难度就是施加心理压力，使越境的意识受到约束，是否能约束住还要看越境之利的意识与有墙难越意识哪个更强，越境意识强就依然会想方设法，甚至冒生命风险行之。

再看一例，警察在公共场合办案会用绳子拉起警戒线，告知人们不要越线，线是物理限制，其实是拦不住人的，是警示人的意识不能过线，越线有危险，久而久之成为公约式的警示，看到拉起的线就意识到不要过线，可能有风险。但不更事的孩子就没有这种意识，他可能继续爬过去，当然在某种强烈意识下，人们也会对警戒线视而不见。物理限制约束是以某种或多种物理限制方式明显地表现出来，强制的物理约束，要使被约束人的意识强烈地感受到才更有效。又如鸟闯入屋内，鸟会飞撞向玻璃窗，但几次之后，就不再飞撞玻璃窗了，行为使鸟意识到从玻璃窗飞不出去。

人不是机器，人是有意识并受自我意识支配的。约束不是把人变成机器，而是在管理辖区内使意识趋向目的，减少随意的意识，避免产生伤害和差错，当然约束还有调动主观意识能动性的作用，使人的主动性发挥出更大的作用。

管理中不用很细致地分辨约束以哪种形式出现，而是要认知约束通过意识起作用，是意识控制行为，意识坚定认同就能主动控制自己的言行服从服务于目的，从而自觉遵守约束。管理者在制定约束时，要考虑怎样有效地影响意识，使人的意识认识到遵守约束对己有利，同时有利于实现目的。

约束是管理中的重要因素，管理受外界环境的约束，同时也要建立科学的内部管理约束。所建立的内部管理约束是为了实现管理过程中的各种目标，围绕要实现的目标明确希望形成的规律性氛围以及对破坏规律性氛围的行为给予处罚警示。管理所建立的每项约束都有其约束的目的和形式，比如说，组织中的考勤制度约束的形式是按时上下班，其目的是维持良好的工作纪律，好的工作纪律有利于实现工作目标，有利于高效达到管理目的。分析管理约束有下列共性作用。

约束的法制作用。法制从国家层面讲是指国家的法律和制度，是把国家事务制度化、法律化，并以规范性文件的形式出现，是政府严格依法进行管理的一种方式。法制通常也指设范立制，使人们有所遵循。法律、制度、以及组织制定的规章虽然层级不同，但都属于是所建立的管理约束，是把约束形成文件，事先公示，共同遵守。约束通过文件载体明确，管理者和被管理者都要受其约束，是约束制度化、法制化的作用。

约束的维护共同利益作用。管理约束是希望有利于目的的实现，目的的实现是共同利益。约束维护共同利益可体现在：

一是限制个体行为损害群体利益，约束的限制有时会给人的行为带来不便，但能起到保护群体的作用。例如，面对新冠病毒传播，要求在公共场合人人戴口罩、保持社交距离，口罩给人带来不便，但能防范病毒传播风险，于个体和群体都是有益的，对进入公共场合不戴口罩的行为采取提醒、限止进入等约束，是为了维护群体利益。

二是约束有保护行为主体的作用，限制行为主体不要去做什么或必须要做什么，是规避某些行为可能对行为主体造成的伤害。比如，在看护儿童时，要告诫儿童不要攀爬高处，并限制某些危险的行为，就是要避免不慎摔落造成伤害。又如，在公园中游览时，经常在湖边看到禁止游泳、禁止滑冰的警示牌，以及要求高空作业必须系安全带等，都是对行为主体的保护作用。

三是约束有保护行为对象的作用，防范行为对象受到损害，比如《消费者权益保护法》第五十五条规定：经营者提供商品或者服务有欺诈行为的，应当按照消费者的要求增加赔偿其受到的损失，增加赔偿的金额为消费者购买商品的价款或者接受服务费用的三倍。这体现了遏制卖假的行为，也是减少对不知情买假人的损害，是对行为对象的保护作用。

四是约束为行为主体免责提供保障作用，遵循约束也就是严格按规程制度的行为受到保护并不承担附加的责任。例如，按照交通规则在车道内开车，突然遇到其他车辆变道，尽管采取了刹车但依然发生了侧面碰撞，对此，车道内正常开车者不承担责任，这是遵循约束的免责作用。

约束的提高效率和防范风险作用。通过科学规范行为可以使工作效率提升，规避差错、防范风险。如组织中的办事流程、安保要求，工作中的操作规范、生产工艺等。对行为、动作、条件等都有具体要求，遵循要求就有利于完成工作，这体现了约束保护、降低风险、提升实现目的的效率等作用。

约束的奖惩导向作用。约束是围绕实现目的展开的，是为实现目的而制定的，对实现目的起推手作用。对有利于实现目的的行为进行奖励，对阻碍实现目的的行为进行惩罚，这是约束的奖惩导向作用。奖惩的形式是多种多样的，奖惩可以直接对应于行为，也可以体现在完成目标上，正确的奖惩要导向有利于目标实现，通常一个组织会有专门的奖惩制度。奖惩也是一门科学。

管理约束能否发挥上述作用还取决于约束的科学性和管理行动性。《孟子》言“不以规矩，不能成方圆”“不以六律，不能正五音”，这里的“规矩”“六律”都是带有规律性的约束。“方圆”可以有大小、“五音”可以组合，但都是在有规律性的约束下形成所需结果。约束是表现规律性的一种载体，约束的科学性是使其表现出的规律性符合科学，科学管理要遵循科学规律制定约束，这也是管理科学研究的内容。约束的效能需要管理行动来保证，管理行动使意识加深认知约束效能，从而形成意识约束。

约束是普遍存在的，并具有边界性、关联性和与时俱进性的特点。

约束的普遍性。无论是客观自然世界、人类社会世界还是主观世界，约束都是普遍存在的，无论你是否认知它，它都在影响着你。在客观自然世界除受物质、资源和信息约束外，还受客观规律的约束。人们认知的客观世界规律仅是宇宙中的一小部分，如对宇宙起源、宇宙的秩序等都是未知的，量子世界的奥秘更是难以理解，客观世界还有众多未知，但必有其规律，人们正在苦苦探索这种规律。对于已认知的客观规律，人们要遵循其规律约束才有利于成功完成任务；对未认知的客观规律，人们受认知水平约束，需要在实践中摸索，寻求规律以提高效率。客观约束不因身份、个体差异而存在区别性对待，正如每个人一天都是 24 小时一样，它不会因为某个人忙碌而增加，也不会因为某些人闲散而减少。在主观世界，生活在一起的人群语言相同，学习内容相同，生活习惯相似，社会环境相似，历史传承相似，潜移默化的思维逻辑模式，在不知不觉中已经成为意识约束，人的思想意识受其所学知识、经历和经济能力等影响而受约束。在人类社会世界，人们相互交流、协同合作、共同生存，就会形成约束并受其约束，人在社会、国家、组织、群体、家庭中都会受其有形和无形的约束。

约束的边界性。具体到每个约束，都有其边界限制，某个约束在其相应的范围内有效。一天 24 小时是在地球这个星球上有效，牛顿第二定律是在惯性系内有效，每个国家都有自己的法律，法律在自己的国家范围内有效，某个组织制定的约束也仅限于在其内部有效。人们通常会为实现某个目的而制定约束，比如组织中的规章制度、标准、规范等，在这些约束中一般都会明确其约束的适用范围、时效等，以说明约束的边界或有效范围。约束的边界性使约束的针对性增强，在约定事项范围内该约束能起主导或协同作用，有利于约定事项的实施，超出范围可能与其他主导约束相抵触，或无法执行。约束的边界可以是时间、事件、行为、环境、受众等的限定，也可以是约定事项及某种组合，这由约束的目的（事项）及所涉及的环境所决定。

约束的关联性。约束的关联性是其普遍性和边界性的体现，世界万事万物相关联，世界是约束的集合，这些约束或直接或间接相关联，约束也受其他约束的限制，这些关联是非常复杂的。在科研中常做一些假设，在某个边界内忽略弱相关去找主要相关因素间的影响。人类形成的社会约束也是约束集组合，存在关联性。约束的关联性可以为互补性，如在人的行为规范上，法律给出基本的行为限制，《刑法》中会有相应的法条对犯罪进行界定，进行强制约束。但对诸如公交车上给老年人让座、遵守秩序排队等，这些具体行为在法律上没有明确的规定，通常需要道德来进行约束，这体现了约束之间的互补性。另外可以表现为层次加强性，不同约束之间相互叠加，强化约束效应。以法律体系为例，《中华人民共和国宪法》（以下简称《宪法》）是我国的基本大法，基于《宪法》出台的《中华人民共和国妇女儿童权益保护法》，对妇女儿童权益进行界定，《中华人民共和国婚姻法》和《中华人民共和国继承法》又在各自的领域内进行细化，层层叠加，进行细化和强化，体现了约束之间的强化作用。约束可以为大而化之的概括，也可以是细化的具体限制，还可以层层递进加以强化。约束之间的关联性也会产生不协调的地方，需要在实际中具体分析并加以调整和完善。

约束的与时俱进性。人类认知客观自然规律是在不断进步的，新的认知要修正原有的认知，形成新的约束关系。同样，管理建立的约束也不是一成不变的，所谓破旧立新就是要打破旧约束、建立新约束，约束的旧与新是相对环境而变化的，是随着发展和为了发展而与时俱进地进行调整的。诸如，自 2013 年《中共中央关于全面深化改革若干重大问题的决定》提出积极发展混合所有制经济以来，国家陆续出台了《关于进一步优化企业兼并重组市场环境的意见》等指导意见。2015 年 8 月，中共中央、国务院颁布了《关于深化国有企业改革的指导意见》，并前后出台了22个配套文件，形成了“1+N”系列指导文件。这些指导文件是结合实践、总结经验，为了发展而调整完善政策约束，以转化经营机制、提高资本配置和运行效率，增强经济活力和抗风险能力，促进经济发展。上述前后建立一系列政策的过程，体现了约束与时俱进调整打破原有约束的束缚，建立新约束激励企业积极改革，增加经济活力。

3.2 常见的约束

人类最基本的两项活动是认识自然和改造自然。人类在认识自然和改造自然的过程中形成了社会，认知了管理。丹尼尔·A.雷恩：“人类行为是过去和当前的文化力量的一种产物，而管理学这门学科也是过去和当前的经济、社会、政治和科技力量的一种产物。”管理是社会的一种产物，受自然规律和社会规律的双重约束，会受到政治、经济、人文和科技的影响。

3.2.1 客观自然约束

马克思说：“自然规律是根本不能取消的。在不同的历史条件下能够发生变化的，只是这些规律借以实现的形式。”传统工业化道路下工业生产对大自然的掠夺性索取，已经使地球千疮百孔，导致生态环境问题频频发生，大自然的倒逼促使人类觉醒，必须调整人与自然的关系，发展以综合效益为目标的生态生产力，探索人与自然和谐相处的可持续发展路径。人类社会已进入知识经济、生态文明时代，更要重视自然科学规律。

客观自然规律是客观存在，人们对客观规律的正确认知形成科学知识。在《中国大百科全书·哲学》中认为："科学是以范畴、定理、定律形式反映现实世界多种现象的本质和运动规律的知识体系。"也可以简单地泛指，在某个范畴内有效的规律性。

自然科学是以定量作为手段，研究无机自然界和包括人的生物属性在内的有机自然界的各门科学的总称。自然科学是研究大自然中有机或无机的事物和现象的科学，包括天文学、物理学、化学、地球科学、生物学等，其认识的对象是整个自然界物质的各种类型、状态、属性及运动形式。认识的任务在于揭示自然界发生的现象以及自然现象发生过程的实质，进而把握这些现象和过程的规律性，以便解读它们，并预见新的现象和过程，为在社会实践中合理而有目的地利用自然规律开辟各种可能的途径。

钱学森在《现代自然科学中的基础学科》中写道："现代自然科学，不是单单研究一个个事物、一个个现象，而是研究事物、现象的变化发展过程，研究事物相互之间的关系。这就使自然科学发展成为严密的综合起来的体系。这是现代自然科学的重要特点。我们一般提六门基础学科：天文、地学、生物、数学、物理、化学。这六门是不是都是一样的基础呢？也不是。从严密的综合科学体系讲，最基础的是两门学问。一门物理，是研究物质运动基本规律的学问。一门数学，是指导我们推理、演算的学问。所以，天、地、生、化四门基础学科，用现代科学技术体系的观点看，都可以归结到物理和数学。根本的基础学科，就是研究物质运动基本规律的物理，加上作为科学技术工具的数学。数学不只是演算，也包括逻辑的推理。靠六门基础学科的现代工程技术，也靠物理和数学这两门基础作为支柱。所以，物理和数学也可以称为现代自然科学体系的基础。当然，说物理和数学是基础，并不是说物理和数学可以代替其他学科，在此之上还有天文学、地学、生物学和化学这些基础学科，以及各种分支学科，如力学等；再在上面是工程技术学科，如工程结构、电力技术、电子技术、农业技术等。这就是现代自然科学体系的构成。”

人类最基本的两项活动是认识自然和改造自然。自然科学是认识自然研究自然规律，改造自然也需要遵循自然规律。人类的发展从认知自然开始，认知自然、遵循自然规律又加速了发展。

人类生活于客观物质世界中，受客观物质、资源、信息和自然环境等条件的约束，在管理中必须要考虑物质条件的约束。客观自然规律是不以人的意志而改变的，并是起主导作用的因素之一；客观物质条件是世界发展的基础，是可以改变的。在管理中要学习科学、认知自然规律、遵循自然规律，同时要重视物质条件约束，要从实际出发，保障物质资源等条件。

3.2.2 社会活动受法律约束

法律是由国家制定或认可并以国家强制力保证实施的，反映由特定物质生活条件所决定的统治阶级意志的规范体系。法律是国家的统治工具，是以权利义务为内容的社会规范，不仅保护国民权利，还保护在本国领域内外国人的合法权益，同时约束其自由。

法律可以划分为宪法、法律、行政法规、地方性法规、自治条例和单行条例。宪法是国家法的基础与核心，法律则是国家法的重要组成部分。法律是从属于宪法的强制性规范，是宪法的具体化。

宪法是国家的根本法，是治国安邦的总章程，适用于国家全体公民，是特定社会政治经济和思想文化条件综合作用的产物。宪法规定了国家的根本任务和根本制度，即社会制度、国家制度的原则和国家政权的组织以及公民的基本权利义务等内容。国家或地区的其他法律、法令都不得与宪法相抵触。曾有人这样形容，宪法就像大气层，我们都生活在其中，它塑造了生活的形态，但我们却不注意它。

法律是由享有立法权的立法机关行使国家立法权，依照法定程序制定、修改并颁布的，并由国家强制力保证实施的基本法律和普通法律总称，如《中华人民共和国刑法》。法规指国家机关制定的规范性文件。如我国国务院制定和颁布的行政法规，省、自治区、直辖市人大及其常委会制定和公布的地方性法规，法规也具有法律效力。规章是行政性法律规范文件，按其制定机关进行划分，规章主要指国务院组成部门及直属机构，省、自治区、直辖市人民政府及省、自治区政府所在地的市和设区市的人民政府，在他们的职权范围内，为执行法律、法规，需要制定的事项或属于本行政区域具体行政管理事项而制定的规范性文件。

中国特色社会主义法律体系，是指适应我国社会主义的基本国情，与社会主义的根本任务相一致，是保障我们国家沿着中国特色社会主义道路前进的各项法律制度的统一整体。中国特色社会主义法律体系是以宪法为核心，以法律为主干，包括行政法规、地方性法规等规范性文件在内的，由七个法律部门、三个层次法律规范构成。

法律发挥强制性规范的约束力，这就意味着，任何人不论职位高低、功劳大小，一旦触犯法律，都要受到法律的制裁，并以国家强制力保证实施，这是法律最主要的特征。法律体系支撑了个人生活、商业活动和基本社会管理等方面的有序运作。比如《中华人民共和国婚姻法》是婚姻家庭关系的基本准则；《中华人民共和国继承法》是为保护公民的私有财产的继承权，用于亲人去世后遗产的分配与继承；《中华人民共和国道路交通安全法》为了维护道路交通秩序，预防和减少交通事故，保护人身安全，保护公民、法人和其他组织的财产安全及其他合法权益，提高通行效率，用于日常生活出行和可能会遇到的交通事故及其处理；《中华人民共和国合同法》为了保护合同当事人的合法权益，维护社会经济秩序，促进社会主义现代化建设等，在生活中购买房产、汽车等物品、签订相关契约时要遵守合同；《中华人民共和国劳动法》是为了保护劳动者的合法权益，调整劳动关系，建立和维护适应社会主义市场经济的劳动制度，促进经济发展和社会进步，根据宪法而制定颁布的法律，用于保护劳资双方的权利。当然，日常我们还会涉及《中华人民共和国消费者权益保护法》等各种法律。

法律约束有明确的外在形式，有明文的公告，有条例、规定，有专属组织，每个人都可以用法律维护自己的利益，同时在涉及他人利益的社会活动中都要遵守所在国家的法律。

管理中的行为不能违反法律约束，管理所制定的内部约束是在遵守法律的条件下，在事项范围内对具体行为的约束。

3.2.3 思想意识受道德约束

道德一词，在汉语中可追溯到先秦思想家老子所著的《道德经》一书。老子说：“道生之，德畜之，物形之，势成之。是以万物莫不尊道而贵德。道之尊，德之贵，夫莫之命而常自然。”其中“道”指自然运行与人世共通的真理，是人关于世界的看法，应属于世界观的范畴（实际上也可以把“道”理解为规律）；而“德”是指人世的德性、品行、王道。“道德”二字连用始于《荀子·劝学》篇：“故学至乎礼而止矣，夫是之谓道德之极”，把道德作为极致的目标。现在讲的道德是社会意识形态之一，是人们共同生活及其行为的准则和规范。

马克思认为，道德是一种社会意识形态，它是人们共同生活及其行为的准则和规范。不同的时代、不同的阶级有不同的道德观念，没有任何一种道德是永恒不变的。

道德不是天生的，人的道德观念是受到后天的宣传教育、社会舆论和生活环境等的影响而逐渐形成的。道德与良心很多时候被一起谈及，良心是指自觉遵从主流道德规范的心理意识，道德通过社会的或一定阶级的舆论对社会生活起约束作用。

在学界把道德规范分层次探讨，在层次的具体划分上也存在不同的意见。蒋建华、赵林捷在《学术界》发表的“道德规范的层次性及其若干问题的探讨”中表述：

“不准”是道德规范的第一个层次，是道德规范体系中的基础部分，它以否定式道德法典规范了人们所不能涉足的行为领域，如不准偷窃、不准说谎、不准虐待老人等等。这类道德规范比较多地体现了不同社会形态中道德规范的继承性，但内容也随着社会的发展而不断吐故纳新。“不准”的社会基本目标是防止他人和社会受害。比如，你污染了环境，就将给子孙后代造成生存危机；你造假了，就有消费者受到侵害……只有大家都不这样做，才有社会基本秩序的稳定，也才有个人、集体和国家财产及其他利益的基本保证。和其他道德法典相比，“不准”的实现途径尽管从本质上是自律，但从形式上带有很大的被动服从性。我们从儿童时期就开始进行此类道德法典的教育，并通过社会舆论不断强化，从而使大多数社会成员在内心逐渐形成对这些行为耻于为之的心理，达到约束规范人们道德实践的目的。

“应该”是道德规范的第二个层次，也是构成道德规范的主体部分，它以肯定式道德法典规范了人们可以行动的活动范围。“应该”的基本社会目标是通过各类社会角色的互利互惠，实现造福于人类的目的。如果每个人都做了应该做的，都尽了自己的责任和义务，为别人提供了好处，从理论上，你就能在社会、集体、家庭中享受自己的权力，得到别人为你提供的好处。“应该”对道德主体的主要作用是在保证主体自身生存和发展基本需要的基础上，进一步满足人的责任感和事业心，从而实现人从自然人向道德人的转变。

“提倡”是道德规范的第三个层次，也是道德规范的最高层次。它以赞扬式道德法典，引导人们向一定的道德行为靠近。普通人做不到这类道德规范，就得不到赞扬和荣誉，但并不一定像违反了第一、第二个层次那样会受到公众舆论的强烈谴责。“提倡”这一类道德法典的社会目标是通过规范特殊情况下个人的行为，实现人类和社会的美好理想。“提倡”的显著特点是：在当下的道德实践中，道德主体做出牺牲，使他人或社会受益。这是一种高尚的道德情操，是人类道德的典范，是对人的本性、本能的超越。任何社会都需要有这种道德情操的人，但这种道德行为，往往属于那些有远大理想、有崇高人格的先进人物。

道德层次从“不准”、“应该”到“提倡”是由低向高进行发展的，不能把“提倡”的道德层次当成道德的唯一特性，总是把自我牺牲当成道德的唯一内容，强调道德行为必须排除个人的利己心，毫不利己、专门利人才是道德之善，这样的认知是片面的。必须肯定低层级的道德行为的价值，才能形成共同遵守基础层级道德的氛围，也为高层级道德建设奠定基础，积小善而提高道德境界，是量变到质变的过程。

道德中的“不准”与“应该”有很多，难以罗列全，但也有基本原则参照，自己不愿承受的事也不要强加在别人身上。“己所不欲，勿施于人”是由儒家学派创始人孔子提出的一种准则。你要求别人做什么时，首先自己也愿意这样做，通俗理解就是自己不愿意的，也不要强加给别人。

稻盛和夫在《经营哲学》中阐述，任何行为都不得违反社会的一般道德标准，要符合做人的道理，随时都要以“何为正确的做人准则”为标准来做出判断。这一判断标准基于人类原本拥有的良心，是最基本的伦理观和道德观。任何人从小都会在父母或老师那里接受过“不要贪婪”“不许骗人”“不许说谎”“做人要诚实”等教育，这是大家都熟悉的、也是做人应当遵守的、简单而基本的教诲。我们在日常决策和行动中，应该遵守这些教诲，并根据“何为普遍、正确的做人准则”来进行各种判断，而不是根据是否对自己有利来进行判断。也可以反问自己，别人对你采用同样的行为，你是否乐意，来判断你要采取的行为是不是不损害他人的、是利他的，我们要把利他之心作为判断基准。

一个经典的故事，纳粹集中营的幸存者留给我们的忠告：一位曾在第二次世界大战期间德国纳粹集中营中遭受过非人折磨的幸存者，战后辗转到美国，做了一所中学的校长。每当新教师来到学校，他都会交给新教师一封信，信中这样写道："亲爱的老师，我是一名纳粹集中营的幸存者，我亲眼看到了人类不应当见到的情境：毒气室由学有专长的工程师建造；儿童被学识渊博的医生毒死；幼儿被训练有素的护士杀害；妇女和婴儿被受到高中或大学教育的士兵枪杀。看到这一切，我疑惑了：教育究竟是为了什么？我的请求是：请你帮助学生成长为具有人性的人。你们的努力决不应当被用于创造学识渊博的怪物、多才多艺的变态狂、受过高等教育的屠夫。只有在使我们的孩子具有人性的情况下，读写算的能力才有其价值。"这个故事告诉我们，一个正常的人应有道德，通过教育要增长人的道德，一个有道德的人可以减少罪孽，一个道德观念强的人可以不被罪恶的环境所绑架。

关于法律与道德的关系，习近平总书记在首都各界纪念现行宪法公布施行 30 周年大会上的讲话中指出："法律是成文的道德，道德是内心的法律。我们要坚持把依法治国和以德治国结合起来，高度重视道德对公民行为的规范作用，引导公民既依法维护合法权益，又自觉履行法定义务，做到享有权利和履行义务相一致。"

法律是硬约束，是他律，是行为的最低标准，违反法律就要受到制裁。道德是软约束，是自律，不讲道德会给别人带来损失或麻烦或心里不适感，故使其信誉降低。

道德约束没有外在的物理形式约束，道德是一种意识约束，是通过意识约束自己的行为符合某种利众的准则，诸如“不准”“应该”“提倡”都是意识中的道德约束，常被称为道德意识。道德意识可以通过言传身教、思想教育、学习、培养习惯、舆论、环境影响等方式在意识中建立道德约束。管理受其所在社会道德环境的影响，同时管理也会形成内部环境的道德氛围，良好的道德氛围有利于发展。

3.2.4　意识形态受宗教约束

宗教是人类社会发展到一定历史阶段出现的一种文化现象，属于社会特别的意识形态。当今世界主要的宗教有：基督教（包括天主教、新教、东正教）、伊斯兰教（包括逊尼派、什叶派）、佛教、印度教、犹太教、道教、神道教等。

宗教是人类意识发展中的产物，在远古时期猿人的意识水平较低，对自然认知的较少，很多现象不能理解、不能解释，特别是遇到灾难时希望得到保佑，机遇巧合就产生了图腾信仰。但人的求知欲望希望了解、解释更多的事情，特别是面对生死、不能理解的自然现象，在人们无法理解的解释中创造了万能的神，人学会了创造故事，人类的意识也随之发展，进而相信现实世界之外存在着超自然的神秘力量或实体，使人对其产生敬畏及崇拜，从而引申出信仰认知及仪式活动的宗教体系。宗教在人类生活感情方面具有灭除苦恼不安、获得希望与安心之功用；在善恶意志方面，有助于匡正世道人心，确立伦理道德，乃至于发动社会反省、调整舆论风潮等积极价值。宗教与科学之间界限分明、不能互相取代。宗教有自己的哲学、世界观、外在的形式、管理方式以及神话传说，提倡慈悲、博爱、和平，拥有广泛的规模并具有一定的社会地位。

宗教是人类文明发展中的重要部分，人类需要在精神上寻找其寄托，从自身之外寻找更高的超越者，宗教在历史中扮演了重要的角色。同时，宗教教派作为一种组织，必然通过相应的规范约束教徒或信众的信仰和行为。每个宗教教派都有各自的宗教活动形式，经常的宗教活动能够营造一种氛围，通过对宗教宗旨的宣讲使信众形成行为习惯并在意识上产生坚定的信仰，信众在宗教活动中感受特定的气氛，使思想意识得到某种解脱、某种升华或坚定宗教信仰。宗教通过影响人的意识有让宗教信仰者按其指令行动的能力，如果一个宗教宣传积极向上的思想，无疑能使宗教信仰者做出有利于社会的行为，可以使人断恶修善、惩恶扬善；如果一个教派宣扬不利于社会和平稳定发展的思想，鼓励危害于大众，其信仰者就可能对社会造成危害，则社会称其为邪教。

法律与宗教的关系。宪法和法律保护公民的宗教信仰自由，但前提是宗教活动包括宗教规范的内容，必须遵守国家的宪法和法律，不得与国家法律相冲突，违反国家法律的宗教规范将不被认可。这是长期以来在实践中逐步形成的并上升为法律制度的理念，也是处理法律与宗教规范之间关系的基本准则。

组织管理与宗教的关系遵循国家法律，一般组织约束中不反映宗教因素，不限制成员的宗教信仰，构成组织成员信仰的多样性，但组织可以要求成员认同组织目的，或选取认同组织目的的人参加组织。组织和成员都处于社会环境中，组织制定的约束要顾及大多数成员的信仰和所处环境的宗教影响，要包容和因势利导调动成员积极性为组织服务。

3.2.5 行为受风俗约束

风俗是指社会上长期形成的风尚、礼节、习性等的总和，是特定社会文化区域内人们共同遵守的行为模式或规范。风俗是一种传承文化，是意识习惯；风俗是多样性的，人们往往将由自然条件的不同而造成的行为规范差异，称之为“风”，而将由社会文化的差异所造成的行为规则不同，称之为“俗”；风俗有地域性差异，“百里不同风，千里不同俗”反映了风俗因地而异的特点；风俗有其外在的表现形式，主要包括民族风俗、节日习俗、传统礼仪等等。

风俗是通过外在形式在意识中形成习惯，成为一种文化，通过服饰、节日形式、礼仪、食宿、语言方式、宣传等持续保持一致的行为活动营造一种环境氛围，久而久之使之特有习俗烙印在人的意识中，成为人的意识习惯又表现于行为习惯上，其实质依然是通过行为的习惯潜移默化地建立了意识思维习惯。人在一个风俗环境中生活得越长，其风俗意识也越强。风俗是一种社会传统，某些当时流行的时尚、习俗随着环境条件的变化,原有风俗中的不适宜部分就会改变,或消失,或形成新的风俗。

风俗是特定社会文化区域内人们共同遵守的行为模式或规范，风俗具有特定的区域约束性。风俗的区域性特征显著，是该区域内的人们共同形成和遵守的，人离开具有特色风俗的区域，风俗的影响力和约束力就有可能会减弱，并且会受新的所在区域风俗影响，这是入乡随俗。马云在一次电视节目中讲，到农民家做客，一碗菜堆得满满，是很好客；到国外一大盘子里面一点点肉，叫品位。这是不同地域不同风俗的例子。人到一个新的环境，新奇的风俗使人感受深刻，当感觉好时，是意识开始受其影响，想要按其做时则是意识接受了影响，在不知不觉中意识受风俗影响。

风俗有外在形式、有约束作用、也有其目的，风俗已成为社会道德与法律的基础和相辅部分。古时统治阶层就有重视风俗的传统，“为政必先究风俗”“观风俗，知得失”是历代君主恪守的祖训。最高统治者不仅要亲自过问风俗民情，还要委派官吏考察民风民俗，在制定国策时以它作为重要参照，并由史官载入史册，为后世的治国理政留下治理风俗的经验。

风俗是传承，风俗也是可以变化的，风俗不能与法律、社会道德相抵触。对符合法律、道德和社会发展的要辅其成风，对不利于法律、道德和社会发展的要抑制成风，要“移风易俗”。

在管理约束中，相关约束与风俗吻合就有利于发挥作用，不吻合就要分析，要以有利于实现目的为原则，或是在管理范围内移风易俗，或是合理修正约束。在管理中可以借鉴风俗方法，维持良好的行为使之成为习惯，进一步成为组织文化，使行动更自觉；对于妨碍实现目的的不良行为要及时纠正，防止成风。

3.2.6 意识受政治环境约束

政治环境是指一个国家或地区在一定时期内的政治大背景。包括政治局势、国家方针政策及其变化和国际关系。政治局势是指一个国家或地区的政治稳定状况；国家方针政策及其变化是指一个国家或地区在不同时期，根据不同需要颁布的一些政策，制定发展方针，这些方针、政策也会随社会环境的变化而更改；国际关系，主要是国家之间的政治、经济、文化、军事等关系。

国家的政局稳定与否会给人民生活、生存方式带来重大的影响，政局稳定，生产发展，人民安居乐业，人们的思想意识相对统一，营造了良好的政治环境。相反，政局不稳，社会矛盾尖锐，秩序混乱，这不仅会影响经济发展，甚至会影响生存，战争、暴乱、罢工、政权更替等政治事件都可能迅速改变环境。动荡的政治环境会诱发人们思想意识产生大的分歧，大的意识分歧加剧了政局不稳定，更会激发人们为实现某种目的而从政的意识。

国内政治经济和政策环境，直接关系个人生活、就业和企业发展。各个国家在不同时期，都会根据不同需要颁布一些经济政策，制定经济发展方针，这些方针、政策不仅会影响本国的经济发展，也会影响外国企业在本国市场的经营活动。就以我国为例，党和国家提出分三步走的发展战略：第一步目标，实现国民生产总值比 1980 年翻一番，解决全国人民的温饱问题；第二步目标，到 20 世纪末国民生产总值比 1980 年翻两番；第三步目标，争取到 21 世纪中叶人均国民生产总值达到中等发达国家水平，基本实现现代化，人民过上比较富裕的生活。此外我国还提出了优化产业结构、转变经济增长方式、以信息化带动工业化、以工业化促进信息化、实施科教兴国战略等；制定了产业政策、能源政策、物价政策、财政政策、金融与货币等相关政策。政府执行这些政策，通过改变资源的供给，扶持和促进某些行业的发展，同时限制另一些行业和产品的发展。按照国家政策规定，经营生产国家允许的行业和产品就能得到扶植和保护，反之就会受到限制，这是政策的直接约束。国家也可以通过方针、政策对市场活动施以间接影响。例如，通过增加产品税来抑制某些商品的需求，对香烟、酒等课以较重的税收来抑制消费者对烟酒的消费需求，这些政策是不鼓励而施加的间接约束。国家通过产业政策、价值分配、金融等政策营造出一种环境氛围，引导人的意识朝向国家发展需要。

国际关系反映一个国家在世界上的话语权。随着交通、通信、网络信息技术的发展，使国际旅游、文化交流、技术合作、经贸等发展迅速，各国间的思想、文化相互碰撞、相互影响和融合已是科技社会发展的趋势。对外交流、企业合作和国际经贸等与国际政治经济形势、国际关系密切相关，良好的国际和平环境，有利于企业走向国际市场，有利于企业引进资金和技术。各国政府根据国际政治经济形势也会采取相应的政策和干预措施，诸如：进口限制、税收政策、价格管制、外汇管制、国有化政策等都起着导向的约束作用。

政治环境的约束，多以政策和行政手段，通过引导、鼓励、扶植、限制、制裁、甚至强制的措施约束行为，通过约束行为而引导和制约人们的动机意识。管理处于政治环境中，正确认知所受的政治环境约束，就有利于抓住机遇。

3.2.7 意识受经济约束

经济这一词来源于希腊语，其意思为“管理一个家庭的人”。唯物主义代表色诺芬在《经济论》中将“家庭”及“管理”两词的结合理解为经济，日本人将其正式译为经济，后由孙中山先生从日本将这一说法引入中国。在经济学上，经济是指社会物质生产和再产生的活动。也有解释为：经济是价值的创造、转化与实现，人类经济活动就是创造、转化、实现价值，满足人类物质文化生活需要的活动。经济一词有很多解释，简单说，经济是围绕价值的一种状况，可以指社会物质生产、流通、交换等活动以及和能产生价值的相关状态。人的一生都环绕在经济环境中，在产生价值和付出价值，人有价值观，管理的目的也可以说是实现一种价值，经济从起源开始就与管理紧密相关。

每个国家都把发展经济作为最重要的事情。邓小平曾深刻地指出，“世界上一些国家发生问题，从根本上说，都是因为经济上不去，没有饭吃，没有衣穿，工资增长被通货膨胀抵消，生活水平下降，长期过紧日子。”“我们的国家一定要发展，不发展就会受人欺负，发展才是硬道理。”中国共产党十九届四中全会指出：要坚持和完善社会主义基本经济制度，推动经济高质量发展，把发展作为党执政兴国的第一要务。为有序促进经济发展，政府制定经济发展目标以及经济政策，如经济发展战略和产业政策、国民收入分配政策、价格政策、物资流通政策、金融货币政策、劳动工资政策、对外贸易政策等，这些政策正是在营造一种经济环境。同时，政府也会采取实际举措来支持经济发展，地方政府布局打造产业园，吸引企业进入产业园发展地方经济。在繁荣的经济中，政府可以获得更多的税收，国家富足，有钱可以办大事，就更能体现国家意志。俗话说有钱好办事，是讲有经济支撑事情才易成功，同理，人的意志也受经济能力的约束。

从组织角度看，每个组织不论有多么宏伟的目标，首先要在经济社会中生存下去，组织的产出要得到社会认同转换为经济价值，有经济的支持，才能持续地发展。企业多把经济价值最大化作为重要的指标，激励企业发明创造、技术革新、设备更新、管理改进，同时也促进了社会进步。企业在发展中必须遵守国家经济政策，受经济环境约束。所谓经济环境是指构成企业生存和发展的社会经济状况和国家经济政策，是影响消费者购买能力和支出模式的因素，它包括收入的变化、消费者支出模式的变化等。经济环境主要由社会经济结构、经济发展水平、经济体制和宏观经济政策四个要素构成。经济环境直接或间接地对企业战略、企业人力资源、企业财务、企业销售等方面的管理产生着广泛而深刻的影响。企业只有在充分注重对经济环境进行研究和分析的基础上，同时考虑企业自身的能力，才能制定出适应经济环境、适合企业发展的战略和对策，才能实现持续经营、快速发展的目标。这里的经济环境和激励都属于约束范畴，这些约束引导组织的取向。

每个人都生活在经济社会中，自知或不自知地与经济联系在一起。人在工作中产生价值而获得报酬就是一个经济过程，当对报酬满意时就稳定，不满意时就不稳定，人也要根据收入决定消费，依据经济状况去谋划事项。人在经济社会中受经济的约束，形成自己的经济意识，是影响行为取向的重要因素。

经济使价值得到展现，最直观的体现是金钱。比如，国家统计局公布了 2017 年国民生产总值（GDP）数据现价总量为 820754 亿元，按不变价格计算，比上年增长 6.8%。以钱为衡量单位直观明了，具有可比性，在管理中利于价值量化，比较非常直观：国家通过 GDP 进行宏观经济分析，企业通过财务报表进行经营分析，个人根据收入决定消费。在管理中进行决策及量化分析时可以折算到经费价值上，怎样折算这是经济学专门研究的内容之一，也是最具说服力的方式之一。在生活与工作中常以经济的价值体现奖惩，对人的经济奖惩有直接、明显的感觉，以约束人的行为。例如，开车时违反交通规则闯红灯受到处罚，罚款200元，那么对违规司机这次违章闯红灯产生的价值是经济损失200元，司机就会明显地感受到违章代价。又如，到自由市场购买物品和商贩讨价还价，是该物品在买卖双方之间经济价值的确认过程，人在仅能维持温饱时是不会选购奢侈品的，经济状况是影响人的购买意识和价格的重要约束。人的意识受经济状况的约束而支配行为，俗语讲，贫穷限制了想象，就是讲意识受经济的约束。通常意识受经济约束有利于做出符合实际的决定，但有时也会妨碍开拓思维。

经济约束可以说是管理中的一种重要和常用的约束，是约束人的意识在一定经济条件内思考解决问题的途径或要采取的行动。在管理中也常用经济价值作为衡量单位，以经济价值对应事件结果，有明显的可比性和感知性。简单地讲，经济的增长使之实现目的的实力增长，经济增长的方向能吸引人为之努力。

3.2.8 意识受宣传的约束

意识受宣传的约束，通过媒介宣传使宣传的内容直接影响意识，引导意识认同宣传内容。当人受宣传的影响而产生共鸣时，就会产生同情意识；当人认同宣传的主旨时，意识就会质疑、抵触与主旨不融的行为，情感和行为就偏向于主旨方向；当意识强烈认同所宣传的主旨时，受意识的支配就会在行动上捍卫主旨。宣传是引导意识认同其宣传的主旨，并希望形成一种意识约束，使行为有利于主旨并抵制与主旨不符的行为。

百度百科对宣传有详细的释义：宣传是一种专门为了服务特定议题的讯息表现手法。在西方，宣传原本的含意是散播哲学的论点或见解，现在常被放在政治环境中使用，特别是政府或政治团体支持的运作。当然，在如今的商业社会，同样的手法用于企业或产品上时，就被称为公关或广告。概括地讲，运用各种符号传播一定的观念以影响人们的思想和行动的社会行为就是宣传。

宣传可以按需要划分为不同的层次，如灌输、鼓动、教育、劝说、诱导、批判等。灌输是将思想理论、价值观念系统地输入人们的头脑并不断强化，理性和系统性是其特色。鼓动强调用具体事实和集中的论点激励人们的感情，使之强烈震动和有所觉悟，教育、劝说、诱导则情理并重。批判严词厉色，目的是使受宣传者改变态度，使其思想和行为向宣传者所需求的方向转化和发展。

宣传可以划分为各种形式和不同层次，但它们具有共同的特点。目的性，所有宣传者都旨在影响受众，力图使受众按宣传者的意图行动；倾向性，在意识形态领域，宣传的倾向性不仅表现在不同阶级、阶层和集团的宣传者所宣传的内容上，也表现在他们所运用的手法上；社会性，一般说来，宣传要面向社会各阶级、各阶层，以求影响最大多数的受众；现实性，表现在宣传目标、宣传材料和宣传效果等方面，没有现实的宣传目标和宣传材料，就不能获得现实的宣传效果；附和性，宣传往往依附于其他的文化传播领域。

宣传是一项系统工程，在宣传过程中，贯穿着一系列战略、战术和方法问题。它的战略制定，有心理动态说服和社会文化说服两种方式。心理动态说服是指经过宣传改变人的心理，导致其行为的改变；社会文化说服是指通过宣传影响社会文化的价值观，进而建立新的价值观，达到改变社会和个人行为的目的。

在上面宣传的释义中强调了宣传具有激励、鼓舞、劝服、引导、批判等多种功能，通过多种内容和形式，阐明某种观点，使人们相信并采取行动。这里的相信就是意识上的认同，直白地讲，宣传是指通过传播一定的观念引导受众意识认同其宣传主旨，意识上认同才能使受众按宣传者的意图行动。当然上述的宣传是“传统”的或者说是“正规”的宣传，有其目的的宣传，在当今社会，网络、信息传播技术高度发达，电子媒介普及，有很多是追求娱乐性、博人眼球、凑流量，更有一些“标题党”其内容和主题背离，甚至有意混淆信息、散布虚假信息。在虚假消息泛滥时，人们难以分辨真假，但信息先入为主和从众的心态易被虚假的宣传绑架意识，而发生群体事件，这时就需要权威、真实、可信的信息，并通过宣传告知人们，纠正虚假信息在意识中产生的偏差，引导建立符合实际的认知，才能解除假消息对人意识的束缚并还原真相，化解或避免群体事件。

人类已进入信息时代，宣传的手段越来越方便，宣传对大众的影响越来越重要，宣传已是影响意识的重要手段，宣传工作更要有艺术地突出主旨，正确引导人们的意识。

宣传约束，是通过影像、声音、文字、活动等多种形式吸引人的注意力，潜移默化地影响人的意识，起到约束导向作用。在管理中要发挥宣传对内、对外的作用，鼓动激情、消除误解，努力营造良好的舆论氛围。

3.2.9 组织约束

组织一词有多种词义，本节的组织是指由人构成为实现某种目的而协同行为的集合体。正式组织是由诸多要素按照一定方式相互联系起来的系统，非正式组织其结构比较松散。组织的形式有很多，如各个党派、政治团体、政府、学校、医院、工厂、企业、服务机构、学会、团体、各个层次的经济实体等等，组织是人类社会最普遍的表现形式，是社会的基本单元。每个组织都有其目的，通常是组织中大多数或核心成员共同认同的目的。人们参加某一组织也有自己的目的，或与组织目的趋同，或为了增加自身价值的目的，也或是为了兴趣爱好目的，当然也可以两者或多者共有之。

在“目的”一章中讲到目的的共存可分解性，只要不妨碍主目的的实现，可以包容其他子目的，所以组织要求成员认同组织目的，只要不妨碍组织目的的实现，就可以包容组织成员的个人目的，同时也给成员实现自己目的的机会，这是组织成立的基础。在这个基础下，人们结成协同行为的集合体，形成组织。成员加入组织除了认同组织目的外，也期望个人需求在组织中得到实现，而个人需求也成为组织管理者的控制手段，控制好就是共赢，加速组织发展，控制不好可能就会妨碍组织发展。

为经济目的参加组织是最普遍的动机，按马斯洛需求理论，生理需求是人类自身生存的最基本要求，参加组织，为组织服务获得薪酬，就有了生存的经济保证。以雇佣军为例，雇佣军是以金钱为目的而参战的职业战士，是不顾战争目的和后果而受雇于某个国家或民族并为之作战的职业战士。又如，组织通过签订短期合同招收合同工，合同规定了双方共同遵守的各项义务等，在合同规定内，合同工归属组织管理，短期合同工可能并不关注组织的最终目的，而是关注履行合同，拿到经费，实现自己财富的增值。

为了兴趣爱好的目的参加组织多是主动的，并与组织的目的有其共同点。比如，对航天科技感兴趣的人可能会主动申请加入航天组织，对星空感兴趣的人会主动申请到天文台工作，对瑜伽感兴趣的人会自己花钱参加瑜伽训练组织。兴趣强弱反映主观意识要获得该方面技能的强烈程度，当兴趣与组织分配的工作吻合时，其积极主动性就容易发挥出来。

为了共同的目的自愿参加组织是意识上认同达到一定的境界，兴趣是一种意识需求，目的是对需求意识的再分析判断，是对需求意识本质的归纳、提炼和升华，并愿为之行动的意识结论。通常政治组织、政党要求参加组织的人必须认同组织目的。《中国共产党章程》规定，“中国共产党是中国工人阶级的先锋队，同时是中国人民和中华民族的先锋队，是中国特色社会主义事业的领导核心，代表中国先进生产力的发展要求，代表中国先进文化的前进方向，代表中国最广大人民的根本利益。党的最高理想和最终目标是实现共产主义。”预备党员必须要面向党旗进行入党宣誓，为共产主义奋斗终身。共产党员在奋斗的目的上必须与党组织一致，优秀的共产党员能够在危险的时候挺身而出，这是将奋斗目的置于高于自己生命的表现。

当成员高度认同组织目的、把组织目的作为自己目的，并能感受到自己贡献的价值时，就有了强烈的责任感，能充分发挥自觉主动性，促进组织目的的实现；当成员把自己目的置于高于组织的目的时，也就是个人利益高于组织利益时，诸如，假公济私、中饱私囊、损公肥私的现象就会发生，不及时地制止、防范，就会对组织起到破坏作用。实际中，各种情形混杂在一起，人又随环境影响而变化，所以组织要制定各种制度，从思想意识、行为规范、办事流程、绩效考核等方面来约束成员。

组织由人组成，人参加组织的具体目的可能各不相同，但可概括为自身价值的增值，除明显的经济价值增值外，社会价值、人生价值、组织的职务、荣誉、技能等都是价值的体现。组织可以用价值的增值引导成员积极地为组织服务，既要使成员认同组织目的，也要约束成员个人目的的膨胀。组织通过情感关怀、宣传教育、集体活动等引导成员认同组织目的，使之更主动地为组织服务；组织也要制定各种规章制度、技能培训、检查、考核等提高成员的技能，通过行为的约束提高效率、防范风险（成员安全风险、组织风险、社会风险等），同时也要约束成员在组织内因个人目的的过度膨胀而损害组织。

人的社会属性决定了人在社会中生活，参与组织或与组织联系是必然的，也是必需的。即使是个体职业者，也生活在国家这个大组织中，也要与工商组织打交道，要与销售组织、通信组织、物业、医院等组织联系，要遵循这些组织的相关规定，按其制度约束，才能提高办事效率。

组织约束是通过组织制度、流程、宣传、价值增值导向等形式和活动营造了一种氛围环境，以利于引导成员的意识认同组织目的、行为服务于组织目的；利于人们遵守其约束，提高办事效率。

综述，本节简单介绍了客观自然约束、法律约束、道德约束、宗教约束、风俗约束、政治环境约束、经济约束、宣传约束、组织约束等，世间的约束形式远不止这些，人们生活在约束中，但上述约束是管理的基本常识。管理者要认知约束，约束通过意识起作用，要遵循科学规律、建立科学约束。在管理中，约束的表现形式多种多样，但每项约束都有其约束的目的和形式，都是希望能最有效地达到约束本身的目的，意识认同就能主动控制行为朝向实现目的方向。研究约束本身目的与其外在形式的关系也是科学管理的重要内容。

3.3 科学的约束提高效率

管理受外部环境约束，也要形成内部的约束，在建立组织内部规章制度等约束以及策划宣传报道时，要特别注重其科学性，约束不是越多、越细、越严、越全越好，而是能使人在意识上共鸣、在利益上共赢、在形式上简练、在行为上高效，其科学规律性强，便于人们掌握，有利于调动人们的积极性。在管理上没有一招走天下，要结合具体情况科学分析。

2020 年春节前夕，湖北省武汉市等多个地区发生新型冠状病毒感染的肺炎疫情，并迅速蔓延至多个省、市、区，严重威胁着人民群众的生命安全和身体健康。当时，对新型冠状病毒没有特效药、没有疫苗，其潜伏期长，传染速度快、危害大，特别又是临近春运高峰，怎样遏制病毒不向各地快速蔓延已是中国政府和人民面临的重大考验，这场疫情牵动着全国人民的心，连动着国际社会的反应。为阻断新型冠状病毒传播，2020 年 1 月 23 日，武汉市政府发布公告《武汉市新型冠状病毒感染的肺炎疫情防控指挥部通告（第 1 号）》，原文如下：

为全力做好新型冠状病毒感染的肺炎疫情防控工作，有效切断病毒传播途径，坚决遏制疫情蔓延势头，确保人民群众生命安全和身体健康，现将有关事项通告如下：

自 2020 年 1 月 23 日 10 时起，全市城市公交、地铁、轮渡、长途客运暂停运营；无特殊原因，市民不要离开武汉，机场、火车站离汉通道暂时关闭。恢复时间另行通告。

恳请广大市民、旅客理解支持！

该消息迅速传遍全国，中国政府立即在武汉火神山、雷神山修建医院，派出医疗队支援武汉，同时通过媒体公布信息，宣传防疫知识，号召民众不访友、不聚会、在家主动隔离，并延长春节假期、推迟学校开学时间。除武汉属政府强制封城外，全国其他地区的众多居民小区、村庄等受媒体宣传影响自发地以武汉为榜样，自创各种方式进行封闭管理，媒体也大量报道。诸如，村民持大刀守在村口、在道路上堆土禁止通行、居民进入小区要对口令、不戴口罩进商场受到劝阻，以及大量的防病毒措施和宣传口号通过视频传播，这些报道可能言过其实，但形成了全民抗击新冠疫情的氛围。中央政府的号召，武汉政府主动封城，媒体正面宣传形成示范效应，特别是通过宣传，民众明白不阻断病毒就很可能被感染甚至危及生命，在家隔离、外出戴口罩既是保护自己，也是保护别人。在疫情面前，没有旁观者，更没有局外人，都是休戚相关、安危与共的命运共同体。民众和政府在抗击新冠疫情上意识高度统一，反映在行动上执行力最坚决，公园无人、路上无车就是行动的体现。

为了战胜新冠疫情，众多医务人员自愿报名去武汉和当地的医生一同治病救人，他们明知有被感染的风险但义无反顾。医务人员从入学起到在医院工作一直受“救死扶伤、治病救人”的职业道德教育和熏陶，已成为医务人员意识中的目的使命，这与医院组织去武汉抗击新冠疫情、去治病救人是完全相同的。医务人员和众多志愿者他们爱国家、爱人民，有着愿为中华民族利益奉献自己的精神，肩负起阻止病毒蔓延的共同责任，做出了可歌可泣的事迹。世界卫生组织总干事高级顾问布鲁斯·艾尔沃德在中国考察后讲：“最让我震撼的是，每一个中国人都有很强烈的责任担当和奉献精神，愿意为抗击疫情做出贡献。”

在这个案例中，武汉市政府发布公告明确了封城的意义，为确保人民生命安全，建立了长途运输停运、交通通道关闭等约束，并通过广泛正面宣传使民众在意识上高度认同，把抗击疫情作为当时最大共识目标而统一步调一致行动，体现了命运共同体意识不可或缺、同舟共济、共同战斗的精神。正如习近平总书记讲的：“精神是一个民族赖以长久生存的灵魂，唯有精神上达到一定的高度，这个民族才能在历史的洪流中屹立不倒、奋勇向前。”

再分析“闯黄灯”罚款案例。制订规章制度约束时要符合客观科学规律，2013 年 1 月 6 日公安部交管局下发通知要求违反黄灯信号以教育为主暂不处罚：

公安部《机动车驾驶证申领和使用规定》等两个新部令自1月1日实施以来，受到社会广泛关注。从实施一周的效果来看，新规在规范驾驶行为、减少交通违法、预防重大交通事故等方面的积极作用已初步显现。

目前，一些群众比较集中地对“闯黄灯”的相关处罚规定提出了意见和建议。对此，公安部高度重视，感谢广大人民群众对道路交通管理工作的关心、支持。日前，公安部交管局专门下发通知，要求各地交管部门对目前违反黄灯信号的，以教育警示为主，暂不予以处罚。公安部将深入听取各方面意见，科学论证，根据我国道路交通管理的实际，进一步细化、明确对违反交通信号灯违法行为的查处情形和处罚规定，更好地维护道路交通秩序和人民群众生命财产安全。

文中对闯黄灯用了引号，闯黄灯是什么概念，按《中华人民共和国道路交通安全法实施条例》第三十八条规定，机动车信号灯和非机动车信号灯表示：（一）绿灯亮时，准许车辆通行，但转弯的车辆不得妨碍被放行的直行车辆、行人通行；（二）黄灯亮时，已越过停止线的车辆可以继续通行；（三）红灯亮时，禁止车辆通行。

黄灯亮时，这个“时”字是表示黄灯刚亮的瞬间还是亮的期间，通过前、后文看，“绿灯亮时，准许车辆通行”；“红灯亮时，禁止车辆通行”不难理解，这个“灯亮时”是表示灯亮的期间，同一文件不特别说明，同一词表示同一意思，“时”表示灯亮的这个时间段。可以这样理解：在黄灯亮的期间，已越过停止线的车辆可以继续通行，在黄灯刚亮瞬间车没过停车线，并没有限制不能越过停车线，是由司机掌控，在黄灯亮的时间段内，越过停车线仍是黄灯时就可以继续通过，这样就没有“闯黄灯”的概念，“闯黄灯”处罚就不规范（本文仅从字面理解，不属司法解读）。在《中华人民共和国道路交通安全法(2011 修正)》第二十六条明确规定，“交通信号灯由红灯、绿灯、黄灯组成。红灯表示禁止通行，绿灯表示准许通行，黄灯表示警示”。警示是提醒，车是运动着的，不可能见红灯立刻停住，没有黄灯，司机也不知何时亮红灯。如果为了停住车，见到路口就把速度降得很慢，其通过效率就大为降低，所以有黄灯的警示是非常科学的，而把黄灯当红灯用，违背了国家道路交通安全法的初衷，甚至有司机调侃“闯黄灯”罚款是不懂惯性定律。“闯黄灯”罚款的本意是加强管理、更好地维护道路交通秩序和人民群众生命财产安全，但制定约束要科学合理，否则就会事与愿违。有些城市将红绿灯改为数字显示时间，取消了黄灯，因数字时间显示可以告知司机还剩多少时间变灯，司机就可以提前准备，这是科技进步给人们带来的方便。交通红绿黄灯约束简单、明了易懂又符合科学性，得以传承，“闯黄灯”罚款失之科学性难以执行。

再看一案例，出自《管理思想史》“吉尔布雷斯的砌砖动作研究”。1885 年，吉尔布雷斯才 17 岁，受雇于一家建筑商，他发现工人盖房子砌砖的时候，采用的工作方法以及工作速度的快慢都不相同，究竟怎样的方法才是最经济有效的呢？

吉尔布雷斯分析工人砌砖时的动作，发现工人每次砌一块砖，先要弯腰用左手取一块砖，然后翻动砖块，找到最好的一面，在堆砌的时候，让最好的一面朝外。然后右手铲起泥灰，把泥灰抹到要砌砖的地方，左手再把砖块放在上面，右手用铲泥灰的工具在砖块上敲几下，这样砖块便固定好了。这是一个完整的砌砖动作循环。

吉尔布雷斯把这一过程拍成影片，细心研究，发现很多问题，比如工人弯腰取砖会增加疲劳，左手取砖的时候，右手是空闲的，最后的敲砖的固定动作也是多余的。经过多次试验，最终形成了一套新的砌砖方法。

新的砌砖方法是这样的：当砖块被运送到工作场地的时候，先让普通工人（有别于砌砖工人，工资较低）对砖块进行挑选，并放到一个木框中，每个木筐可以盛放 90 块砖，并且把最好的一面朝向统一方向，这个木筐装满砖块后就悬挂在工人的左边，工人左手取砖的同时，右手同时取泥灰，同时他还对泥灰的浓度进行了改善，使得砖块放上时，不需要敲击就可以固定。

经过这样的改善之后，工人的工作效率大大增加。每砌一块砖的动作次数由 18 次减少至 5 次，原来每小时只可以砌 120 块砖，现在用新的方法可以砌 350 块，工作效率增加近 200%。

这个案例主要讲吉尔布雷斯对砌砖动作研究的行为科学，从中也能感受到约束的作用。每个工人都有习惯动作，源于最初的学习在意识中形成的逻辑。吉尔布雷斯新的砌砖方法是建立了新的动作约束，接受新的约束首先要使工人感受到好处，工人产生学的意识，再通过培训也就是学习新的砌砖方法，最后反复地练习通过动作强化意识，使意识形成新的逻辑习惯并固化为新的砌砖动作。新砌砖方法表现在对动作的约束上，约束的目的是提高砌砖效率，培训是学习—认识—再实践的意识逻辑转变过程。

约束人的行为，是最直接和明显的，也是不可缺的，但行为是由意识支配的，意识强烈认同，行为才能自觉、持久。《三国志》中讲，“用兵之道，攻心为上，攻城为下；心战为上，兵战为下”是说用兵的至高境界，要从心理上瓦解敌人，使敌人投降是上策，强攻城池是下策；以攻心战使敌人臣服为上策，以武力取胜是下策。这里的攻心实为改变对手的意识，强调征服意识的重要性，采用武力也是让敌人臣服。

在约束行为的同时，要使其感受到约束带来的好处，进而促进意识上的认同。前面例题介绍了航天型号产品质量问题归零的五条要求，即“定位准确、机理清楚、问题复现、措施有效、举一反三”。在 1996 年航天工业总公司刚宣贯质量问题归零的五条要求时，阻力是很大的，航天型号研制与飞行试验中已习惯于单机有问题换一台接着试验的模式，故质量问题重复发生，航天型号飞行失败也经常发生。1996 年 2 月 15 日，长征三号乙运载火箭点火起飞后约两秒，火箭飞行姿态出现异常，火箭低头并偏离发射方向向右倾斜。飞行约 22 秒，火箭头部坠地，撞到离发射架不到两千米的山坡上，随即发生剧烈爆炸，星箭俱毁，并造成人员伤亡。1996 年 8 月 18 日，在西昌卫星发射中心，长征三号运载火箭发射“中星七号通信卫星”，火箭起飞后，三级发动机二次点火发生故障，卫星未能进入预定轨道，发射失败。航天成功功于质量，失败亦败于质量，质量是航天的生命。航天工业总公司面对严峻的质量形势，决定严格执行质量问题归零的五条要求，问题不归零不允许发射。

某型号在发射场发生质量问题归不了零被强令撤出发射场。还有一次，型号已在发射塔架上发生质量问题，问题不归零不允许发射，直到两周后问题归零才允许发射。与此同时，对出厂的型号组织质量问题归零审查，不归零不允许出厂，某型号首次进发射场合练，在发射场共发生 99 个问题，型号两总系统组织对 99 个问题逐一归零，在所属单位评审的基础上，航天工业总公司又组织抽查、复审，最终该型号首飞获得圆满成功。在采取强制措施的同时，航天工业总公司也积极宣贯质量问题归零五条要求，并监督执行，在每年度型号工作会上要对典型质量问题归零案例进行宣讲，对严格按要求执行的进行表彰，对执行不力的批评甚至撤职。连年的强力推行，质量问题数量大幅减少，发射连续成功，型号在发射场的周期也大大缩短，型号两总和研制单位感受到质量归零的好处，对质量工作有了抓手，出现质量问题必抓归零，质量归零要求逐渐深入人心，成为航天人的质量意识。

经过航天事业的实践证明，质量问题归零的五条要求是科学的，在严格执行中，航天质量问题归零成为管理的习惯，成为航天人的质量意识。有人问，运载火箭失利了，“问题复现”是不是再复现失败。问题复现在归零中有两个作用，一是验证问题定位准不准，二是验证机理分析对不对，如果不能复现出来则很难说明定位准确、机理清楚。对于飞行失利则是在判断出故障点、并完成机理分析后要按问题机理模拟故障点，通过地面实物仿真、或半实物仿真能够复现出飞行故障时的时序、现象和数据，验证仿真数据是否与飞行的故障数据一致，这是很复杂的工作，但对故障定位和机理分析来说非常重要。只有找准故障点、分析清机理才能有针对性地采取有效措施并举一反三。举一反三是针对问题发生的机理，对于同等设计、同等工艺、同等材料或同等使用环境等进行复查，如有同类问题则要采取措施改进，防范类似问题的再次发生。航天的举一反三不只局限于本型号、本单位，而是针对所有型号，在全系统内举一反三，才能防止质量问题重复发生。

航天质量问题归零五条要求，不仅适用于航天领域，其方法精神也适应于其他领域。比如说用于学生的学习，当学生做错题的时候，就可以按质量问题归零五条要求的精神：找出做错题的错误点；进行机理分析为什么做错，是大意、还是不理解题意，或是不理解公式，或是少看了边界条件；针对分析出的问题进行补习；对类似的题举一反三，重做相似题目。这是高效学习的方法之一。

在第二章列举了铁路道岔伦理选择题。有两条铁轨，一条新的，一条旧的。有了新铁轨后，旧铁轨不再有火车通过，有一天有十个小孩在铁轨上玩耍，九个小孩在新铁轨上玩儿，其中有一个小孩在旧铁轨上玩儿，突然一列火车开来，这时扳道工要做决定，火车一直开则要压死九个小孩，但扳道到旧铁轨上只压死一个小孩。扳道工应该怎样选择呢？对于一个未经训练的人在那样短的时间内很难有更多的思考，不知火车在旧铁轨上会不会翻车，也不知火车上有多少人，在新轨上撞九个小孩会不会出轨，以及扳道工要负什么责任。扳道工很可能由瞬间的一个意识决定火车去新轨压死九个小孩，或到旧铁轨上只压死一个小孩，并承担这事件的精神压力。怎样帮助扳道工决策，管理者应事先制定应急预案，综合各种因素，寻求合理（符合法律、道德）的损失最小的预案，并培训扳道工掌握预案，这也能极大减轻扳道工操作后果的精神压力。应急预案是某种应急情况下的操作约束，培训是使意识建立逻辑，当遇到应急情况时意识按已建立的逻辑指挥行为。

通过上述案例，强调约束要合理、科学、共赢，要使意识认知到遵守约束共赢，并使之成为行为习惯，形成意识逻辑，约束得到自觉遵守。

3.4 思考题

1. 在航天质量问题的归零工作中，经总结发现有些质量问题是由于工作中无章可循、有章不循、责任不清等管理问题造成的。对此，航天工业总公司在质量问题归零五条要求基础上又提出了管理问题归零的五条标准，即“过程清楚、责任明确、措施落实、严肃处理、完善规章”。要求在开展质量问题归零工作过程中，对属于管理的问题要按管理问题归零五条标准进行，从而达到完善管理机制、改进管理工作、提高管理水平的目的。思考一下，对于管理问题归零五条标准，如何理解，以及怎样有效地落实？

2.《三国志》中有个故事：建兴三年，诸葛亮至南中，所在战捷。闻孟获者，为夷汉并所服，募生致之。既得，使观于营陈之间，问曰：此军何如？获对曰：向者不知虚实，故败。今蒙赐观看营陈，若只如此，定易胜耳！亮笑，纵使更战。七纵七擒，而亮犹遣获。获止不去，曰：公天威也！南人不复反矣。遂至滇池。南中平，皆即其渠率而用之。思考一下，诸葛亮为何七纵七擒孟获？

3. 看看专业机构驯狗师驯狗的视频，有何感悟？

第四章
管理的行动性

管理要实现目的必须付诸行动。英国散文作家威·赫兹里特说:“伟大的思想只有付诸行动才能成为壮举。”同样，管理的目的无论大与小都要用行动去一步步实施。恩格斯讲:“判断一个人当然不是看他的声明，而是看他的行动；不是看他自称如何如何，而是看他做些什么和实际是怎样的一个人。”这是强调行动的重要性，人的行动受意识支配，行动能够反映真实意识，管理中的行动是为了实现目的，也体现了管理中的实际规律性。本章将分析管理的行动性，重点探究约束行动。

4.1 行动性的概念

从广义上讲，管理的行动性是为实现目的而发生的行为，或者说是主观意识认为该行动有利于目的的实现而采取的行为。管理的行动性涉及的领域非常广泛，从简单的肢体动作到复杂的脑力劳动，从个体行为到集体行动，所有有意识的，为实现某种目的发生的行为都属于该目的的管理行动。诸如前文提到的小学生抄写生字、上课要背手后坐好，历史典故中孙敬、苏秦的“头悬梁，锥刺股”不分白天黑夜地勤奋苦读等都是为了实现目的所采取的行动，当然管理也离不开决策等复杂的脑力劳动。管理需要直接的作业行动去实现目的，需要策划、监督、宣传等合理的约束行动以追求高效实现管理目的。

管理的行动性覆盖为实现管理目的所涉及的各个方面，按其特性可分为三类：一类为实现目的的作业性行动；一类为管理的约束性行动；还有一类是多余行动。

作业性行动。作业性行动是为了实现目的直接发生、必不可少的活动,从经济角度讲作业性行动产生产值,从管理角度看通常处于“被约束”的行为范畴。作业性行动多以任务、设计、生产、销售、服务等形式表现出来，通常会产生不可逆的结果，会产生产值，即作业性行动完成时是阶段终了的一个状态。比如工人作业性行动产生的是工件，厨师作业性行动产生的是饭菜，设计作业性行动产生的是技术方案，销售员作业性行动产生的是销售结果，服务员作业性行动提供了一种方便及感受结果。作业性行动通常需要指令、材料、工具和相应的环境条件等，作业性行动的科学性与之专业或作业对象的特性密切相关，诸如工人的专项技能、技术人员的专业知识、服务人员的服务技巧、销售人员的产品知识与销售技巧等都是与他们的工作密切相关的。研究优化作业性行动需要专业的知识，通常研究的成果也仅适用于该作业行动专业领域或局部过程，可有针对性地提高作业行动效能。在“吉尔布雷斯的砌砖动作研究”案例中，砌砖工人的砌砖行动就是为实现建造目的的作业性行动，其行动产生的结果是砖墙。吉尔布雷斯砌砖动作研究的成果仅适用于人工手动砌砖提高效率，对水泥浇筑、饭店服务就没有应用的场景，不能照搬，但其优化行为提高效率的思路是相通的，是行为科学的重要内容。

约束性行动。约束性行动是决策和保证作业性行动有效进行，以及建立、维护某种氛围环境所采取的行动。约束性行动不直接产生产值，通常产生结论，依据结论行动并产生或影响价值。约束性行动通常要为作业性行动输入指令，保障所需材料、工具和相应的环境，并监控作业性行动。可以说约束性行动服务于作业性行动，使作业性行动高效实现目的。约束性行动是常见的管理行为，涉及范围广泛，从目的的确定、做出决策、建立组织、招人、选人、培训、奖惩、目的分解、制订计划、调度、过程检查、保障物资、财会、宣传、公关、建章立制等，是从始至终全过程地保障目的实现。可以说约束性行动营造出一种管理所需的、有利于管理目的实现的环境氛围，包括物质环境和精神氛围。科学的约束行动是高效实现目的的保障，从经济角度讲是提高效益，并能产生更大的价值增值。约束性行动的科学性也是管理研究的重要方面，其研究成果有普遍的共性，有推广的价值，并形成专门学科如：组织学、营销学、会计学、项目管理等。

作业性行动和约束性行动不是绝对分开的，是相对的，具体到人时也可以既有作业性行动也有约束性行动。在吉尔布雷斯的砌砖动作研究中，新的砌砖方法是这样的，当砖块被运送到工作场地的时候，先让普通工人（有别于砌砖工人，工资较低）对砖块进行挑选，并放到一个木筐中。这个木筐装满砖块后就悬挂在工人的左边，工人左手取砖的同时，右手同时取泥灰。这种分工和流程的改变属于约束性行动，案例中没有讲对砌砖工的培训，实际上培训必不可少，只有通过培训才能改变惯有的方式并快速掌握新的砌砖方法。从管理的行动上看，培训属于约束性行动，工人接受培训就是约束自己掌握新的作业性行动方法。孙敬、苏秦“头悬梁，锥刺股”，是约束性行动，而读书是作业性行动，只有通过读书才能达到增长学问的目的，光锥刺大腿是没有用的，“头悬梁，锥刺股”是描述孙敬、苏秦为刻苦读书所采取的约束性行动，这里读书的作业性行动和“头悬梁，锥刺股”的约束性行动都发生在一体上，属于典型的自我管理。

多余行动。多余行动是在管理中实施的与实现该管理目的关联不大的行动，或者说是对实现管理目的影响很小的行为。这类行动对目的的实现可有可无，对效率的提高没有什么帮助，甚至会起负面效应，从经济角度讲，多余行动消耗大于产出。作业性行动和约束性行动中都会存在多余行动，不专门研究时难以区分出来。在“吉尔布雷斯的砌砖动作研究”案例中，吉尔布雷斯把工人砌砖过程拍成影片，细心研究，发现很多问题，比如工人弯腰取砖会增加疲劳，左手取砖的时候，右手是空闲的，最后敲砖的固定动作也是多余的，经过多次试验，最终形成了一套新的砌砖方法，每砌一块砖的动作次数由 18 次减少至 5 次，工作效率增加近 200%。本段是描写吉尔布雷斯研究优化作业行动，砌砖相对简单，可以通过改变流程、分工、去掉多余行动，提高效率、提升效益。在多因素、大系统中会包容更多的多余行动，研究和消除多余行动就会更加复杂。这也是管理持续改进的必要性。

管理的行动性是主观意识认为该行动有利于目的实现而采取的行为，这是一个理想的状态，主观意识与实际的差距，以及存在的附加目的都可能产生无效的多余行动，产生多余行动的原因是多样的，可以概括为下列几种。

由附加目的所产生的多余行动。人在实现组织目的的同时，对目的的理解不同，以及或多或少地加入个人目的，当为实现这些附加目的所采取的行动与组织目的相抵触或无助于组织目的的实现时，则属于多余行动。比如，以考察、交流的名义游山玩水，游山玩水与组织的目的无关，属于多余行动。又如讲排场地迎送本单位领导以达到获取领导好感的个人目的，其排场消耗组织价值，不为组织产生价值时就属于多余行动。另外，组织机构分工过细、信息又不共享，又或为了彰显在组织中存在的价值，所产生的重复烦琐工作多为多余行动。假公济私更会主动地产生“多余行动”以谋取私利。

由惯性所产生的多余行动，不加以分析照搬原行动模式，而原先的行动模式可能就存在多余行动，也或实际情况变化，原行动模式不能适应新变化，这时原行动模式就会存在多余行动。不结合自己的环境条件照搬上级的模式或照搬别人的模式，就会夹杂多余行动。诸如，上行下效，仅为应对上级要求进行形式上的行动，不结合自身实际，仅以会议贯彻会议，以文件落实文件，以讲话传达讲话，不求行动的效果，当其形式大于内容、没有实际效果时，就是一种惯性和懒政思维，就会产生多余行动。

探索过程中产生的多余行动。对于创新的事情，没有前人的经验，事先难以判断哪些是可以省略、哪些更有效率，必然存在很多探索的行动，不能说失败的探索行动是多余的，而是探索中无论成功与失败都可能存在多余行动。探索的事后总结是非常必要的，确认那些高效、必需的行动，剔除烦琐无效的行动，不断总结、改进、提升效率，所谓流程再造、持续地改进就是优化行为，剔除无效行动。

多余行动存在的原因不止上面几种情况，还包括诸如脱离实际、责权不配套等都可能产生多余行动。从经济角度看，行动要有消耗和产出，有的行动消耗大于产出，则应压低行动的消耗，或减少这类行动；有的行动消耗小于产出，这是生存之本，要鼓励和再优化，继续增大产出与消耗比。通常行动消耗和产出难以计量，要加强过程量化控制和财务管控，积累数据。当然除经济价值外，还必须考虑政治、社会的影响因素，比如虽然有的行动经济消耗大于产出，但可能带来较大的政治利益或社会利益，为实现其政治目的依然会采取相关行动。各种因素的混合作用，使行动的效能分析更加困难，尽管很难，但经济量化分析方法仍是值得研究的，科学量化管理是发展的方向。行动要消耗资源产生成本，管理行动不是越多越好，而是要使行动最有利于实现目的。

管理行动分类是相对的，不是绝对的，对管理行动分类是界定管理行动的范畴，便于理清概念，产生共识的词语，有利于针对类别进行研究。下面将重点讨论管理的约束性行动。

4.2 约束性行动

约束性行动是决策和保证作业行动有效进行，以及建立、维护某种氛围环境所采取的行动。科学的约束性行动可以提高实现目的的效率，也是提高经济效益的必需。约束性行动的共性规律也是管理学要研究的内容。

从古人聚合在一起打猎、生活，就产生了约束行动，那时以作业活动为主，约束行动简单、直白，以有经验的强者为首领，维持部落的秩序，大家听从首领的指挥。随着生产力的发展、交流的增加、社会的扩大，产生了国家，建立专属的行政机构，从事维持国家和社会秩序的约束性行动，约束性行动的范围和内容也在不断扩大。伴随近代工业的崛起，工业化大生产下的协同动作、专业分工、市场交易、各种组织等迅速发展，为保证约定的秩序就更需要约束性行动来维护某种氛围环境。约束性行动要决策组织目的，要依据目的设计作业行动和保证作业行动有效进行，其作用随时代发展更显重要，对约束性行动的研究逐渐形成了管理学。

法国管理学家亨利·法约尔在1916年所写的《一般管理与工业管理》一书中，提出管理就是实行计划、组织、指挥、控制和协调，并做了下述分析：计划就是探索未来，制定行动计划；组织就是建立企业的物质组织和社会组织，使其同企业的目标、资源和需求相适合；指挥就是使每个人都履行其所负的职责，做出最好的贡献；协调就是使所有工作都能和谐地进行；控制就是核实计划落实情况，以便发现缺点、采取措施、加以纠正。

“实行计划、组织、指挥、控制和协调”都属于约束性行动，这些约束行动的行动性表现在要决策目标、建立组织、调查研究、制定约束要求、对照要求进行比对、对违反要求的采取控制措施、进行宣传等。这些管理约束性行动有其共性特点。

一是在调查实际情况的基础上要形成结论（决定）。结论是从一定的前提推论得到的预判或对事物做出的总结性判断。比如，目标的制定或途径的选择是决策者依据现实环境、条件及可能的发展，对未来预期做出总结性判断，形成结论即目标或实施途径。计划是计划管理人员根据实际进展、以往的数据、资源、预计事件的周期和事件间的逻辑关系形成判断，做出预先安排的结论。监管是监理人员依据准则对某一行为进行适时的监控和评价，形成是否符合准则的判断结论。考核是根据事件完成情况做出总结结论。

二是要按照结论采取行动。约束性行动要在形成结论的基础上采取行动，比如，计划管理人员，要根据实际进展与计划比对，当发现进展落后于计划时，就要查找原因并找到解决的方案（结论），然后要按方案组织力量、调配资源等采取措施加速作业行动，否则不采取任何行动，计划就成了进展表。

三是约束性行动虽然不直接产生产值（结果），但约束性行动会导致结果的产生，会产生价值，科学的约束性行动会防范风险、提升效率、使价值增值。举个通俗的例子，减肥就要约束自己多运动、少吃饭，这里的约束性行动首先是人依据自身体重和环境风气决策要减重（形成结论），还要在食欲与节食、懒散与运动的矛盾中选取行动。多运动与少吃饭是减肥的作业行动，减肥的约束性行动是约束意识的行为，是减肥意识约束了食欲与懒散意识。光有减肥意识，而无减肥作业行动，就达不到减肥的效果，是减肥的意识约束性行动使多运动与少吃饭的减肥作业行动产生了价值增值。

4.2.1 约束行动需权力支撑

约束性行动产生结论，并要依据结论行动，在约束行动中也营造出了一种氛围，以使作业行动朝向完成目标。约束性行动产生的结论是否有效，是否能按结论行动需要权力的保证。无论是产生结论还是按结论行动，都是在权力管辖的范围内才有效，没有权力的保证就形成不了决策结论，没有权力的保证，面对结论也无力执行。

这里再以通俗的例子说明，你去饭店吃饭，你有选择饭店和选择吃什么的权力，饭店服务员可以为你推荐菜品，但没有权力决定你吃什么。选择到哪吃、吃什么是由你的权力（钱）掌握的。又如，被邀请参加宴会，客人有去与不去的决定权，但没有选择宴会地点的权力。在中国宴会上，宴请方可以点一桌子菜品供大家共享，客人仅有在共享的菜品中决定吃什么的选择权。如果是在欧洲，宴请方会请客人自己在菜谱中选择吃什么，是宴请方把权力（限定在菜谱中选择）赋予了客人，他们会每人拿一个菜谱为自己选择菜品（这与他们的分餐方式和尊重个体习惯相关），他们的选择权力仅在菜单上。每一项有目的的活动，就是一个管理过程，无论简单与复杂都离不开管理行动，都有作业行动和约束行动。吃饭是作业行动，决策吃什么是约束行动，约束行动是在权力的保证范围内有效。约束行动支配和保证的地位需要有权力支撑，其形成的结论与权力是要匹配的，权力保证结论得以执行。在管理中强调责权一致，有权力做出结论、推进执行，并导致结果，就要对结果负责。管理需要权力，约束行动需要权力支撑。

何为权力，有多种解释，通常认为权力是人与人之间的一种特殊影响能力，权力有公权（政府）、私权（市场）和共权（社会）三个属性，不同场景使用权力一词，可有其特定含义。

在《宪法》第二章公民的基本权利和义务中明确，国家尊重和保障人权，任何公民享有宪法和法律规定的权利，同时必须履行宪法和法律规定的义务，有选举权和被选举权，有言论、出版、集会、结社、游行、示威的自由，人身自由不受侵犯，人格尊严不受侵犯，住宅不受侵犯，通信自由和通信秘密受法律的保护等。当违法时，国家有权力剥夺违法人的权利。除国家司法部门外，其他组织没有权力剥夺宪法赋予人们的权利。除了宪法赋予公民的基本权利之外，社会中还有很多利益可以支配，谁能支配利益，谁就有相应的权力。

本书借用物理的能量概念来比喻权力，权力是保障和影响利益的能量。物理能量有势能和动能，位置高势能大，速度快动能大，权力能量也有位置能和信任能，位置能通常是组织或群体赋予的，是代表组织或群体支配利益分配的能量，位置高，支配利益分配的能量大，位置能也可以是本身拥有的价值能量，本身拥有的价值大，位置能量也大；信任能是人在群体中受到信任而影响群体的能量，可以是对诚信人格的信任、对专业才能的信任，也可以是“明星”效应的信任，这种信任具有号召能量，使群体的能量发挥出来。

比如，在公交车上，乘客构成了群体，当车上遇到强盗时，虽然大多数乘客内心反对强盗，但都不敢表达，则群体能没有发挥出来，强盗猖獗洗劫。若乘客中有人高呼不准抢劫，并能激发大多数乘客同时呐喊时，群体发挥了呐喊力量，形成了反抢劫的声势，强盗受群体呐喊的威慑就可能处于僵持状态。再若有身强力壮的乘客挺身而出反抗强盗，众乘客能呐喊的呐喊、能动手反抗的一起出手，就能发挥出群体的力量来制衡强盗，这个过程中是有人牵头把群体的能量激发出来。信任能虽然不直接支配利益，但能影响利益分配。位置能与信任能可以单独存在，也可以相互叠加。一个人带领强大的、团结的团队，他就具有位置能和信任能，其话语权就重，权力就会相对增大。

权力影响利益的能量，表现在对价值的控制上，常见的形式为：

法权，所在国法律赋予的最基本权利，只有通过司法才能被剥夺，甚至可以剥夺生存的权力；

行政权，通常指国家行政机关执行法律、管理国家行政事务的权力。广义的行政权，泛指人生活在社会，隶属于国家和某组织，都受其所在组织的行政管辖，行政权具有控制价值分配、价值增值方式的能量；

增值权，增值权是具有使其价值增值的能量。无论是组织还是个人都希望使自己的价值增值。诸如人们希望财富增值、希望升职、希望健康、希望长寿、希望获得名誉、希望学习知识、希望少付出多收获等，这些都可视为希望价值增值；

公信力权，是使公众信任的能量。公信力高、公众信任就可以影响他人的决策形成相对的权力。如媒体、专家、名人以及群体中有威信的人，他们的言、行、宣传、建议等具有引导群体信任的能量；

威胁力权，通常指用武力或威势使人感到价值减值的恐惧能量，使人恐惧而被迫服从的能量。比如拥有核武器的国家就具有核威慑力。当然也有一些恐怖组织、诈骗组织或个人通过非法的欺骗和武力强制等威胁手段，有使人感受到价值减值的能量。

法权是国家赋予的，行政权是组织赋予的，增值权、公信力权既是组织赋予的也是可以通过自己努力而增加的，这几种权力形式可以单独出现，亦可共同出现。将权力归为这五种形式并与价值挂钩，是寻求一种简单的便于理解的表述，是提示在管理行动中权力的重要性，要利用价值增值（包含减值）能量（权力）增强约束性行动的有效性。

约束性行动包含的种类有很多，目的的确定、组织的建立、规章制定、计划策划、组织实施、监督检查、控制协调、奖惩、宣传、营造某种氛围环境等，这些约束行动除了需要权力支撑这个共性特征外，还有其他的功能特点。归纳约束性行动特点可分为常见的四种：决策行动、建立约束行动、执行约束行动和宣传行动。

4.2.2 决策行动

从广义上讲，决策是面对问题、确立目标、设计和优选方案，并形成结论的过程。决策是普遍存在的、经常发生的一种活动，决策是围绕目的进行的，要依据客观的实际或可能的情况，在一定信息、经验、逻辑或模型的基础上，对影响目的实现的诸因素进行分析、计算、设计实施路径和方案，并对多种方案进行判断选优，决策最终要形成结论，即后续行动的决定。

决策是经常的活动，人们在生活、工作、娱乐中都常常面临决策。人们每天都要决策穿什么衣服、吃什么饭菜、日程的安排，以及在娱乐游戏中每一个步骤的选择，等等。日常的、经常的、重复的决策可以使人在头脑中形成一种快速思维模式，这种快速思维模式似乎使人不用思考就能快速做出选择，在行为上表现出某种喜好或习惯。人们凭着喜好、习惯而定，实际上是头脑中已有经验，已形成了某种快速思维模式。通常这种快速思维模式决策的后果影响不大，或能很快得到补救，就如吃饭，不论选择什么饭菜都能吃饱一样，即使所选的饭菜不合意，还有下一餐可以重新选择；但当食品可能有毒时，其选择就要慎重。对于重大事项决策，或全新领域，或决策后果影响大、不可重复的，其决策就需慎重，要比较多种方案，学习决策知识可以提高善断能力。

决策是针对问题围绕目的设计和选择优化的可实施路径，实现目的的路径有很多，每条路径对应的环境条件不同、所需专业知识不同、起始条件不同、运行维持条件不同、付出的价值不同、预期的结果不同、实现的概率也不同。把这些条件转化为限定要求，加之预期结果和实现概率就构成了该路径的多要素目标要求值，换句话讲，每个路径对应了不同条件下可能达到的目标，限定一些条件就相当于把其条件转换到目标要求上，把目的进一步细化、量化为目标，从这点上讲，决策对路径的选择是对目标值的确认。再以决策去哪吃饭为例，吃饭是为了吃饱，到不同的餐馆都要吃饱，但不同的餐馆其环境、风味不同，也需要支出不同的费用。在这个目标集中是偏向风味、餐饮环境还是费用，就把去哪吃饭加了限定条件，进一步明确了目标，而选择的结果要能满足吃饱的目的。对复杂问题的决策是从问题开始，围绕目的设计可能路径形成目标集，从目标集中确认目标要求，依据目标再优化、优先可行路径的循环过程。可能路径的设计需要了解环境条件和自身条件，以及与路径相关的技术知识。

《孙子兵法》讲知己知彼、百战不殆，知己知彼不仅要知道表现出的情况，还要知道其内在规律才能预测趋势，要搜集相关的资料，包括发展历史、现在状况、未来趋势，以及环境状况、竞争对手状况、舆论趋势等，要对资料分析去伪存真，要知环境、知趋势、知技术、知舆论；从目标集中确认目标要求，要围绕主旨目的，基于已有条件或大概率实现的条件有所为有所不为地确认目标要求值，量力而行，抓主要矛盾集中力量尽快达到目的；依据目标要求值再优化、优选可行路径（方案），可行可靠的路径是成功决策的基础，在多路径中与目标要求进行比较，优选最佳为决策方案。

在组织决策中，每个人的偏好不同、对目的的侧重点不同，其决策选项也就不同，可运用德尔菲法原理将目标中的要素加权评分，用分数评价方案，亦可探索运用经济学思维去考量问题，把目标要素转化为付出与收获价值，寻找收获与付出比最大方案。决策是一门科学，科学有其规律性，随着人们对决策的研究，大数据、人工智能等技术的发展，智能辅助决策系统会考量更多的要素，帮助人们做出最佳选择。

决策过程虽然复杂，但经验的积累可以简化决策过程，掌握决策方法、积累经验就有助于快速、正确决策。这里介绍麦肯锡咨询公司推出的 SWOT 分析方法，这是一种较为普遍使用的决策工具。SWOT 分析方法是将研究对象本身内部的主要优势（Strengths）和劣势（Weaknesses），外部环境所面临的机会（Opportunities）和威胁（Threats）等密切相关因素，通过调查去伪存真，罗列可对比的矩阵表格，然后进行系统分析，把各种因素按关联性进行匹配分析，特别要关注强关联因素间的关系，从因素间的碰撞中寻求出一系列设想，最终通过分析归纳形成方案即决策结论。可归纳为以下步骤：

步骤一，了解组织愿景，确认问题和研究对象，明确本次 SWOT 分析要达到的目标，了解愿景可以扩展思考深度；

步骤二，围绕研究对象收集相关的本身内部和外部环境资料、数据，包括过去的发展、现在的状况、未来的趋势，以及竞争对手、科技发展趋势、社会环境、政治环境等可能相关的资料；

步骤三，在第二步基础上分析并确认本身内部的优势和劣势，表现在人、财、物、技术、产品、销售、设施、机制、管理等要素上；

步骤四，在第二步基础上分析可能面临的机会和威胁；

步骤五，在第三、四步的基础上做出 SWOT 分析矩阵表（见表 4–1）进行系统分析。将那些对发展有直接的、重要的、大量的、迫切的、久远的影响因素优先排列出来，而将那些间接的、次要的、少许的、不急的、短暂的影响因素排列在后面，按 SWOT 矩阵对应分析，发挥优势因素，克服弱点因素，利用机会因素，化解威胁因素；

表 4–1　SWOT 分析矩阵表

本身 / 外部	潜在优势 S	潜在劣势 W
潜在机会 O	S–O对策分析	W–O对策分析
潜在威胁 T	S–T对策分析	W–T对策分析

S–O 对策分析，着重考虑优势因素和机会因素，策略是努力使这两种因素都趋于最大限度发挥；

W–O 对策分析，着重考虑弱点因素和机会因素，策略是努力使弱点趋于最小，使机会趋于最大，怎样减小弱点、获取机会；

S-T 对策分析，着重考虑优势因素和威胁因素，策略是努力使优势因素趋于最大，使威胁因素趋于最小，防范风险；

W-T 对策分析，考虑弱点因素和威胁因素，策略是努力规避和防范这些因素，使之影响都趋于最小。

步骤六，在步骤五的基础上考虑过去，立足当前，着眼未来，运用系统方法进行综合分析，将排列与考虑的各种环境因素相互匹配起来加以组合，得出一系列可选择的对策。

决策最终要形成对未来行动的决定，决定可操作才可能实现决策的目标，风险可控、可执行的决定就不能太笼统、太原则，要把实施的路径、保障条件、重要边界约束，以及可能存在的风险和对应的预案设想清楚。在决策中把重要的、关键的因素以及重要的节点标识出来是十分必要的，这些重要因素和节点影响着决策方案实施情况。决策通常是在某种前提条件下形成的，当前提条件发生变化，决策的方案可能要进行相应调整，所以决策时也应谋划预案或储备能力，方能多谋善断。

4.2.3 建立约束行动

管理受外部环境约束，同时为实现目的也要建立管辖范围内的约束，管辖范围内的约束是管理者制定或组织成员形成共同遵守的共识，是基于传承、发展和不断完善形成的。没有规矩不成方圆，国有国法，家有家规，组织管理要有组织内的约束，即使是自我管理，也要有意识中的某些要求来约束自己的行为，诸如自己的道德观就是自我的一种意识约束，写出自修的计划就是自我建立的文字形式约束。建立组织内的管理约束有利于组织法制化管理，有利于维护组织全体的共同利益，有利于共知、共识，提高效率和防范风险，有利于引导成员的积极性。组织内的管理约束多以规章制度、目标、标准、通知、要求等文件形式，以惯例、组织机构、外在行为形式和氛围表现出来。建立约束行动包含两方面内容：一是对组织内约束的科学研究，二是建立组织内的管理约束。

组织内约束的科学研究是研究约束的科学规律性，通过对行为的研究优化行为过程，使其易于被人接受并能高效引导人去实现目的。对某一类行为约束的共性研究已形成了众多科学学科，比如，会计学是研究财务活动和成本资料的收集、分类、综合、分析和解释的基础上形成协助决策的信息系统，以有效地管理经济的一门应用学科；人事管理学是研究如何科学、合理、系统而有效地进行人事管理并探求其规律的科学。诸如，企业标准研究、操作规范研究、作业行动的动作优化等都是约束的科学研究。在建立约束时，应用科学研究的成果可以使约束科学规范、提高效率，同时也要结合具体实际和实践进行改进，使之建立的约束更具指导和可操作性。“吉尔布雷斯的砌砖动作研究”案例中，吉尔布雷斯把这一过程拍成影片，细心研究，发现很多问题，提出优化砌砖流程及规范动作的方案。案例中对砌砖动作的研究，就属于对行为动作约束的科学研究，是要建立优化的砌砖行为规范约束，砌砖的规范是对行为的具体约束，可操作性强，而提升了砌砖效率。

建立组织内的管理约束，是在组织内约束科学研究的基础上形成约束要求。每项约束要求都应有其具体目的，有其权限和适用的范围，要求内容应遵循相关科学规律、具体可操作并有利于实现其约束的目的。上节的决策行动也属于建立约束行动，决策是明确目标要求、约束方向或实施途径等，由于决策在管理中非常常见，故单列一节。建立组织内的管理约束行动最有代表性的是建章立制，建立规章制度、流程是明确约束的有效形式。建立规章制度可以参照国家法律的结构形式制定组织制度体系，国家法律体系是集众多智慧形成，具有结构严谨、内部协调、体例科学、配套法规详尽等科学的系统性，以及按权限分层级的特点。

华为公司借鉴国家法律的结构形式建立了公司的规章制度体系《华为基本法》，将企业战略、价值观和经营管理原则等公示明确，成为华为公司进行各项经营管理工作的纲领性文件，是制定各项具体管理制度的依据。此举也表明了华为管理法治化的决心。

1998 年，华为公司花费 40 亿元拜师 IBM 公司，进行公司管理变革，IBM 公司既不负责华为的研发，也不负责华为的销售，仅是将其制度、流程在华为进行推广，为华为建立一种模式。任正非以“削足适履”的决心和手段推行制度和流程转变，当科学、规范的制度和流程约束得以建立并严格执行时，脱胎换骨的管理变革推动华为向正规、国际一流公司演变。华为非常重视企业制度的建设和执行，是企业与员工共同遵守的办事程序和行为准则，是实现企业目的的基本保障。完善、切合实际的企业制度，能使各项工作有章可循，规范行为、提高效率，形成良好的企业文化。我们从华为 40 亿元拜师 IBM 公司一事上可以感受到制度流程的重要性，以及科学的制度、可操作的细致流程是要花大力气研究和坚定决心才能贯彻执行的。

建立约束行动是高智商的劳动，要结合实际科学研究使之不仅仅是制度，还应是指导高效把事办成的法则。在建立规章制度时需要系统地考虑众多因素。

建立约束必须符合国家法律法规、行业标准等，要遵守和倡导社会道德。这是基本要求和得到社会认同的前提。中国很多老字号企业的经营之道是“诚实守信”，目的是取得消费者的信任。中药行业老字号的北京同仁堂，在三百多年的历史长河中，恪守“炮制虽繁必不敢省人工，品味虽贵必不敢减物力”的传统古训，确保了同仁堂金字招牌的长盛不衰。如果组织建立的约束中有违反法律或违背社会基本道德的条款，如组织的制度中就允许以次充好，那么就没有人愿意与该组织合作，也是毒害组织成员的良知，组织内也难以形成良好的氛围，一个组织如果没有好的信誉，是难以持久发展的。

建立约束既要遵循科学规律也要有自身的规律性。科学通过事物表面现象揭示了其内在的本质规律，也是人类的研究成果集，学习并运用科学规律指导建立约束制度，是站在科学巨人的肩膀上，思维更清晰、逻辑更合理，可以少走弯路，提升规章制度的有效性。每一项制度、流程都应有其内在的规律性，遵循其内在的规律性就基本符合该项制度的要求，明显的规律性也能使人们易于掌握并执行该项制度，同时内在的规律性不能违背与之相关的科学规律。在《道路交通安全法》中规定，红灯停，绿灯行，黄灯警示。其灯的颜色差异明显，红、绿、蓝是三基色，人眼对红色最为敏感；其规律性简单、明确、易懂、易记，已是全世界交通规则的最基本规律性。在制定交通安全制度中遵循科学规律也形成自身明显的规律性。

建立约束要有系统性。要在充分认知组织主旨目的的基础上，引导组织成员的意识认同组织主旨目的，同时要约束具体行为达到本约束的目的。既要有全局的系统性也要有相对独立性，建立的制度是组织制度体系中的之一，要与组织制度体系相协调、相配合，是相融的，可以是其他制度的纲领要求，可以是其他制度的补充或具体要求，要回避与其他制度的重复和抵触，同时要能相对完整地约束行为并完成该制度的目标；既要有原则性更要有具体的可操作性，过于原则执行的过程和结果差异大，过于具体又难以面面俱到，要分层级，针对具体事项或流程，把原则分解到具体业务并化为流程，利于规范行为；既要注重组织利益也要兼顾个人利益，要形成共赢的环境，才能团结更多的力量，利于形成统一战线。

要利用信息资源。在当今社会，信息技术高速发展，信息就是资源，信息是决策的基础，也是人工智能必需的资源，信息的重要性更加突出。制定规章制度和流程约束时要重视对信息的利用，在制度和流程中要明确信息的采集、传送、反馈、储存和分析处理等渠道和要求。在信息分析处理上要尽量共享，避免重复采集信息，要形成信息采集、处理、反馈、存储、查询等的闭环信息管理制度。现在计算机、监控相机、图像识别、数据采集、网络通信等技术日益普及，网络办公、人工智能政务系统、智慧城市、数字地球等已从概念向实际应用发展，数字信息技术已是方向，早用早获利。

建立约束是一项严肃、认真、细致的高智商工作，需要在实践中总结经验，结合实际加以完善与改进。制度约束要相对稳定，特别是其主要规律性要有延续性，制度约束的完善与改进是使其规律性更符合科学规律，使规律性更加突显出来，改进与主规律性相抵触的部分。制度约束稳定有利于人们养成行为习惯，反之，如果制度约束朝令夕改，那么人们理解、执行制度约束的效率和积极性就会降低。

建立约束行动的共性步骤可归纳如下。

步骤一，认知组织主旨目的，明确本约束针对的问题及要达到的目标。目标要尽量细化和量化，以利于提升制定约束的可操作性、明确遵循的原则和约束的边界等。

步骤二，了解本约束的环境状况，包括社会环境、组织工作环境、人文环境、历史的传承、组织的约束体系等。使该约束不违背法律法规，要符合社会道德和本组织制度体系，不与其他制度相抵触，并与之衔接。

步骤三，分析确认关键要素、关键点和要解决的主要矛盾。了解和参考类似的制度或原有约束，以及其优缺点和问题，结合分析出的主要矛盾，聚焦约束关键要素，就可以起到事半功倍、纲举目张的作用。

步骤四，确定本约束所遵循的规律性，这个规律性不是大原则，是本约束的主旋律，在符合科学的基础上，尽量突出约束中的规律性，所建立的规律性应有实践支撑。

步骤五，细化执行本约束的流程，以及责任和权力。从细化流程中检验可执行性，或通过仿真模拟验证，在细化流程或仿真中对发现的问题进行纠正。一个制度过于原则时，可分层级制定可操作的细化约束。

步骤六，明确信息的采集、传送、分析处理和储存等要求，以及监控设置，形成信息闭环处理系统。

步骤七，试行、实际操作、检验，剔除重复的过程，搜集执行中的问题，完善制度。

4.2.4 执行约束行动

执行约束行动，是保障决策得到执行，是按制度、流程对违反约束的行为进行纠正、处罚等维持约束的行动，是形成和维护某种环境氛围的行动。执行约束行动通常是看得见、感受得到的管理行为。执行约束行动营造了有利于实现目的的人、财、物、资源、组织、模式等环境氛围。

执行约束行动需要权力的保证，执行约束行动是按权力的层级或者说是按权力的能量进行划分的。换句话说，是在权力的范围内才能执行约束行动，通常能量越大，执行约束行动的能力就越强。在国家层面，一方面要按法律办事，另一方面是要违法必究。国家成立专门机构赋予维法的职能和司法权力，如法院、检察院、司法部等。以司法部的职能为例，具有统筹协调全面依法治国，全面履行行政立法、行政执法、刑事执行、公共法律服务等。这里的统筹协调、行政执法、刑事执行就属于执行约束行动，这些执行约束行动是有国家赋予的行政权力进行保证的，执行约束行动维护社会环境。

又如公安机关，是国家政权中具有武装性质的治安行政和刑事司法的专责机关，维护国家安全，维护社会治安秩序，保护公民的人身安全、人身自由和合法财产，保护公共财产，预防、制止和惩治违法犯罪活动等。公安机关具有强制性的权力以保证依法执行约束行动。

工商行政管理局是政府主管市场监管和行政执法的工作部门，主要职责是贯彻执行国家工商行政管理方针政策和法律法规，负责市场监督管理和行政执法的有关工作；起草有关地方性法规规章草案，制定有关政策措施并组织实施。要依法查处取缔无照经营；依法规范和维护各类市场经营秩序；监督管理流通领域商品质量和流通环节食品安全；查处假冒伪劣等违法行为；依法查处不正当竞争、商业贿赂、走私贩私等经济违法行为等。因为工商行政管理局具有市场监管和行政执法的权力，才能依法执行约束行动。

约束性行动需要权力的保证，决策要有与之相匹配的决定权，建立约束要有与之相匹配的行政批准权，执行约束行动要有与之相匹配的执法权，在社会组织或企业中也是如此。在航天工业总公司刚开始推行“质量问题归零五条要求”时，有一次运载火箭已立在发射塔架上准备发射，但其发生的质量问题没有归零，当时航天工业总公司刘纪原总经理下令：不允许发射。尽管各个方面有不同意见，航天的元老专家也反对停止发射，但刘纪原总经理有最终决策权，为了强化质量意识，坚决贯彻“质量问题归零五条要求”，问题不归零不发射是制度约束要求，下令停止发射就是执行约束行动。这是当时贯彻“质量问题归零五条要求”初期强制执行制度，使人们的意识认识到质量是第一的，也意识到产品质量问题不归零就不允许发射，又通过宣传和持续执行归零制度的约束行动，形成了质量问题归零的工作氛围，并逐步成为航天企业文化。

华为公司实行轮值 CEO 制度，任正非在《一江春水向东流》一文中讲道：“我们看到在轮值 CEO 决策下面，每个董事长、每一个轮值 CEO 在轮值期间，都是公司的最高行政首长。他们负责将公司的科研方向、人事制度建设、产品质量与销售市场等各个方面的管理权利进一步细化并负责任地交给下级管理层。这比将公司的业绩与成功系于一人的制度要好一些。每个轮值 CEO 在轮值期间都奋力地牵引公司前进。即使在轮值期间有哪一位 CEO 走偏了，下一任的轮值 CEO 会及时去纠正航向，帮助华为这艘大船能够及时地拨正船头，避免了问题的累积过多而得不到解决的情况的发生。”

从中可以看到，轮值期间的CEO有公司的最高决策权，责权相统一，“即使在轮值期间有哪一位 CEO 走偏了，下一任的轮值 CEO 会及时去纠正航向”就是讲下一任的轮值 CEO 才有权力去纠正航向，非轮值期间没有决策权力纠偏。轮值 CEO 制度更要求 CEO 按照公司的规章制度、决策流程执行，否则朝令夕改，企业就难以前进。轮值 CEO 制更能平等地发表个人意见，因为形成的决议在轮值期间和下一任期都要执行，易于形成民主集中制的氛围，另外在非轮值期间也可以静心地去思考、反思、提升，使之在下一轮值期能有更高的思想高度。

任正非形象地把管理比作长江，“管理就像长江一样，我们修好堤坝让水在里面自由流淌，管它晚上流，白天流”。借此比喻，分析管理的行动性，选址并确定建堤坝是决策行动，设计与建设堤坝是建立约束行动，堤坝有权力阻拦要外流的水，而不阻拦水在堤坝内流动，堤坝起到了执行约束行动的作用，是选择性的行动，对违反约束的行为进行纠正，维持了水在堤坝内流淌的环境，流淌的江水则可视为作业行动。

管理的约束行动需要权力的保证，同时执行约束行动使权力得到展现，两者是相辅相成的。约束行动是围绕实现目的建立权力和规范使用权力，决策行动是使用权力或决定建立权力。建立约束行动是建立权力和规范权力的使用，执行约束行动是按规范使用权力并展现权力。

执行约束行动时，首先要与事先确定的约束进行比较，当与约束吻合、或能更好实现目标时，可以采取鼓励性行动；当违反约束时，则要按权力权限采取纠正性的约束行动。这类执行约束行动要使被鼓励或被纠正的对象能够明显、清晰地感受到。如警察纠正交通违章，先要依交通规则判断是否违章，在确认违章时，按照《中华人民共和国治安管理处罚条例》进行处罚，使交通违规者感受到处罚，不愿再违章，从而达到安全交通的目的。

又以计划管理为例，编制计划时要依据上一级的要求，知道哪些是必保、哪些可以稍缓的，知道计划中每项工作的逻辑关系、历史实际进度统计或可能需要的周期、保障条件、可动用的资源，并留有适当余量。当确认了计划，就是建立了计划约束，计划管理者就有了按计划督促、检查的权力。计划管理者要依据实际进展与计划的比对，进行检查、督促、保障相关资源，发生意外时要组织协调解决。编制计划时的余量也是一种调控权力，协调力度的大小也取决于对资源支配控制能量的大小。另外，计划的完成情况要有考核，考核的奖惩力度以及计划考核的决策权都是权力的体现形式。

在执行约束行动中的共性任务就是收集、分析信息，验证信息的准确性，去伪存真，采取行动的决策是依据获得信息与约束准则的差异决定的。行动离不开信息，行动产生信息，要收集分析信息，正确的行动依赖真实信息。

执行约束行动的共性步骤可归纳如下：

步骤一，要学习约束，清晰约束针对的问题、约束目的和本约束的规律性，约束本身是一种形式，认知形式所要达到的目的，就掌握了处理问题的原则，掌握其规律性就利于抓住核心、掌控主动；

步骤二，要熟悉该约束的形式、条款，在步骤一的基础上分析约束的关键点、关键要素，这些直接影响目的的实现，找出关键的事项，就能抓住重点，另外，熟悉约束条款也是正确使用权力的基础；

步骤三，要理解和掌握所具有的权力，是决定权还是建议权，决定权多是行政权，建议权可归为公信力权，其作用大小与公信力有关，了解具有的权力可以掌握执行的分寸，所采取的措施才能得到权力保证；

步骤四，宣传该约束制度，使相关方都知道，并得到认同和感受到管理者执行约束行动的决心；

步骤五，收集被约束事项（或行为）在约束范围内进展的相关信息，分析信息并和约束进行比对，对偏离约束的要尽早纠正，若形成习惯，纠正就会难上很多，要展示权力，及时奖惩；

步骤六，在处理意外时，要遵循有制度按制度办，没制度按惯例办，没惯例则按有利于实现目的的原则办并有其理由；

步骤七，总结提高，针对执行中的问题提出改进建议，这个过程既可提高组织的管理水平，也有利于增加组织和个人的公信力。

4.2.5 宣传行动

宣传行动是通过各种方式营造舆论氛围，影响和引导人们的意识认同宣传的主题，以利于组织目的的实现。是通过宣传使人们的意识认同宣传主题或被宣传激励所发挥出的力量是宣传策划方需要且有利于实现其目的的。宣传是约束性行动的一项重要内容，宣传可以通过一对一的谈话、一对众的报告、众对众的活动，以及标语、广告、各种媒体等多种形式，阐明某种观点，实现告知、提醒、激励、引导、教育、批判等功效，以影响人们的意识。随着通信技术的发展，宣传的时效性不断提升，宣传的范围越来越广泛，宣传的媒介越来越方便，使人们时刻能够接受宣传或主动去宣传，宣传对社会的影响也越来越重要。

在约束性行动中，离不开宣传，宣传是直接影响意识的有效手段，并且宣传可以把一些约束性行动的效果放大，就事论事处理仅仅是当事人知晓的小范围，通过宣传则可以极大扩展范围，在大范围内起到前车后鉴的作用。海尔砸冰箱就是成功的典型案例。

1985 年，一位用户向海尔反映，工厂生产的电冰箱有质量问题。于是张瑞敏突击检查了仓库，发现仓库中不合格的冰箱还有 76 台，当时研究处理办法时，有干部提出意见，建议作为福利处理给本厂的员工。

就在很多员工十分犹豫时，张瑞敏却做出了有悖“常理”的决定：开一个全体员工的现场会，把 76 台冰箱当众全部砸掉，而且，由生产这些冰箱的员工亲自来砸。听闻此言，许多老工人当场就流泪了，那时候别说“毁”东西，企业连开工资都十分困难。况且，在那个物资还很紧缺的年代，别说正品，就是次品也要凭票购买。如此“糟践”，大家“心疼”啊。当时，甚至连海尔的上级主管部门都难以接受。

张瑞敏已想明白，如果放行这些产品，就谈不上质量意识，不能用任何姑息的做法，来告诉大家可以生产这种带缺陷的冰箱，否则今天是 76 台，明天就可以是 760 台、7600 台，所以必须实行强制行动，必须要有震撼作用。

海尔至此砸出了质量文化。海尔集团被 BrandZTM 评为 2017 最具品牌力家电出海品牌，2017 中国品牌价值 100 强居首，海尔进入世界品牌 50 强。

在这个经典案例中没讲宣传，但宣传起了非常重要的作用。细看上段文章，张瑞敏做出了有悖“常理”的决定，召开全体员工现场会，76 台冰箱当众全部砸掉，员工亲自砸，在当时是非常震撼的场面，这就是当着全体员工面的宣传。砸冰箱不能提高冰箱质量，但却向全体员工展示了严控质量的决心，震撼了员工的质量意识。当然，砸冰箱事件通过媒体的报道，扩展的宣传使消费者的意识相信海尔重视质量，又扩大了海尔品牌的知名度。实际上，这种宣传的效应已远远大于 76 台冰箱的价格。

宣传不仅仅是宣传部门的事，也贯穿于约束性行动全程。通常在任务的开始要宣讲任务的目的、意义、要求、注意事项以及奖惩条件等；过程中要宣传先进、好的经验，宣传奖惩情况等；任务结束后要进行总结、表彰等。宣传不仅要在组织内进行，鼓舞士气、激发斗志、凝聚团队、防范风险等，也要向组织外有关方面宣传以获得有利的外部条件。毛泽东主席曾以“插牌子”讲宣传作用：工农红军在土地革命战争时期“打土豪、分田地”，在农户分到的田地插上牌子，插牌子本身也是很好的宣传。例如国民党的士兵到根据地来，他们一看到田里到处插上了牌子，看到我们这里打了土豪分了田，也会说红军好。有些国民党士兵受打土豪分田地的影响，甚至开小差跑回家去了。插牌子分田后，农民有了田地就会追随共产党，宣传瓦解敌人、壮大自己，为红军创造了有利的外部环境。

人们看到或感受到的典型事件有着较强的示范作用，“插牌子”就是看得见的典型。又如要求领导干部以身作则，一方面是严格要求干部；一方面上行下效，干部的影响范围大、大家看得到，就会自带宣传效应。同样，一些名人、明星、网络大咖关注他们的人越多，其宣传范围就越广。对于要鼓励的行为，应在组织内部发现和培养典型人物，总结典型事件，奖励他们，并树立榜样，宣传学习，组织内的同事看到身边的榜样，示范性就会强。同时也要指导典型人物做得更好，形成正的反馈，就是把激励化作动力，加之宣传成为更大范围的榜样，是组织和个人的双赢。

宣传是约束行动中的一项重要、不能忽视的工作，要有宣传的意识，要有所策划，要抓住机会通过宣传扩大所需要的效果。对于一项新制度或流程的贯彻，要事先安排好宣讲，以及培训工作，要告诉成员新制度是什么、为什么、怎么做，做得好如何，做不好会有什么不好的后果，也需要有案例演示增加直观效果。对执行过程中出现的问题，要认真分析，寻求共性的处理方法，并及时宣传使成员知道处置办法，起到警示作用，避免重复发生。《鬼谷子》讲：“故墙坏于其隙，木毁于其节，斯盖其分也”，也有成语“千里之堤，溃于蚁穴”。这都是提示人们对于早期小的隐患，即违规的现象要及时地进行纠正，严肃地处理。在严肃处理的同时，还要抓住机会将处理的结果广而告之，进行宣传，严肃处理并不是目的，而是通过严肃处理以及宣传使成员都受到警示而不再、不敢违规，不宣传，群体成员不知道，就可能有人再犯同类错误，甚至成为习惯，发展为群体事件。

宣传不是孤立的，不是为了宣传而宣传，要结合具体事项和目的，针对受众认真地策划才能达到效果，才能深入人心，让人的意识认同宣传的主旨。宣传也是一门科学学科，有很强的专业知识，学习一些宣传知识并主动应用，对提升工作效率和个人进步都有很大帮助。

本章按管理约束性行动的功能，分别探讨了决策行动、建立约束行动、执行约束行动和宣传行动，这不是管理职能的分工，仅是管理约束行动中具有的一些共性功能。在实际管理行动中并不需要细分这些行动，但会用到这些功能特性，当然这些功能特性常常是组合运用的。

4.3 科学管理行动提高效率

管理是为实现目的在约束下进行有规律性的行动。行动是贯穿于管理的全过程，行动是为围绕实现目的，行动也是管理离不开的外在形式和载体。管理追求实现目的，并期望以最短的时间，获得最大的价值增值，只有通过科学的行动才能高效率地向目的前进。

严格执行“质量问题管理归零五条标准”的约束行动，促进了航天质量管理工作。航天对产品质量有很高的要求，运载火箭发射中出现的问题是无法修复的，卫星在太空轨道上出现质量问题也无法修复，任何漏电、漏气、漏液等这些在地面上看似小的问题都可能引发飞行的失利。20世纪90年代中期，我国运载火箭飞行试验常常因为漏电、漏气、漏液、多余物、毛刺以及器件失效等造成运载火箭飞行失败、卫星损坏，甚至运载火箭、卫星在发射场发生爆炸，科研生产质量形势严峻，压力巨大，当时的航天到了“没有退路”的被动境地。

1996年，航天工业总公司在总结航天40年来处理各种质量问题的规律基础上，提出了航天型号产品质量问题归零的五条要求，即“定位准确、机理清楚、问题复现、措施有效、举一反三”。在执行质量问题归零五条要求初期，对质量问题分析发现了一些共性问题是管理上的漏洞和薄弱环节，成为产生低层次、重复性质量问题和人为责任事故的土壤。据1997年对发射场发生的质量问题统计，因为管理不到位引起的质量问题占所有质量问题的60%以上。典型的产品漏电、漏气、漏液久治不愈，多余物问题反复发生，这里既有技术问题，也有工作有章不循、无章可循的问题，质量检验形同虚设，违章操作屡禁不止，技术状态失控，外协管理松懈，在技术问题背后通常存在管理漏洞，甚至有玩忽职守的严重事件。

为了改进管理的薄弱环节，提高科研生产的管理水平，航天工业总公司要求在做好技术问题归零工作的同时，必须做好管理问题归零的工作，并要求科研生产管理部门制定质量问题在管理上的归零标准。为此，航天工业总公司科研生产局进行了调研和深入研究，制定了质量问题在管理上归零的五条标准：“过程清楚、责任明确、措施落实、严肃处理、完善规章”。

“过程清楚”是要查明质量问题发生、发展的全过程及问题产生的原因，事实要准确。过程清楚是管理归零的基础，要有清晰的来龙去脉，时间、地点、人员、问题发生的详细的经过，以及相关的证据。

“责任明确”是要分清问题的性质，以及各环节上有关单位及人员的责任。在过程清楚的基础上，对照相关的制度、操作流程、规范等要求，检查有无有章不循、无章可循、质量检验形同虚设、违章操作、技术状态失控、外协管理松懈等问题，要查清问题发生的漏洞在哪，存在哪些薄弱环节，明确是哪些责任人应按制度负责而没有尽到责任，并分清责任的主次和大小。

“措施落实”是在责任明确的基础上针对管理上的薄弱环节或漏洞，制定并落实有效的纠正措施和预防措施。

“严肃处理”是对由于管理原因造成质量问题的责任者严肃处罚，使其从中吸取教训，达到教育人员和改进管理工作的目的。对重复性和人为责任质量问题的责任单位和责任人，应根据情节和后果，按规定给予处罚。严肃处理有严厉处理之意，其实严格按照处罚制度处理就是严肃，只是处罚制度还不详尽。在当时，航天的处理从罚款到撤职，其罚款不低于当时 1 个月的工薪水平，处理还涉及责任和名利，要处理就会出现推诿责任的现象，然而严肃处理使管理归零具有威慑力，严肃处理加之宣传也起到了惩前毖后的效能。

“完善规章”是针对管理上的薄弱环节或漏洞，健全和完善规章制度，并加以落实，从制度上避免质量问题的发生。完善规章是非常重要的，是吃一堑长一智、是持续改进，遵守改进的制度就可避免问题重复发生。

1997 年 10 月，航天工业总公司下发了《关于认真做好质量问题在管理上归零工作的通知》，并下大力气抓落实，也快速取得了成效。低水平、重复性和人为责任事故等管理问题不断减少，航天产品逐渐做到发射场零质量问题，航天人的质量意识增强，规章制度不断健全，运载火箭发射成功率大为提升。2012 年 3 月，航天产品质量问题归零成为国家标准 GB/T29076–2012。

在这个案例中，航天工业总公司科研生产局通过调查和深入研究，制定了质量问题在管理上归零的五条标准，这是建立制度的约束行动。管理归零的五条标准也有科学的内涵：是希望和力求把发生的问题一次解决好，也是以问题为线索，寻找漏洞和薄弱环节，并通过完善规章制度避免其重复发生；通过严肃处理，使当事人受到教育，使其知悉在哪方面犯了错，并可以警示大家，少犯同类的错误。

在开始宣贯管理归零五条要求时，航天工业总公司刘纪原总经理铁腕管理，一年内有上百名干部和职工受到罚款、调离工作岗位、撤职等处分，甚至有厂长被直接免职。这就是执行约束行动，处罚不是目的，而是通过处罚表明决心，质量问题归零和管理归零双五条要求必须要执行，违反就要受到处罚。通过持之以恒坚决执行质量问题双五条归零要求的行动，航天职工认知和接受了质量问题双五条归零的规律性，从被迫执行到自觉执行，逐步形成航天质量管理的氛围，航天产品质量得到提升，航天型号飞行连连成功。

历史典故穰苴执法的权力。约公元前 500 年，春秋时期，齐景公召见田穰苴，同他谈论军事，并任命他做大将，领兵抗击晋国和燕国的军队。田穰苴向齐景公禀告说："为臣本来低贱，大王从平民中把我选拔出来，放在大夫之上，士兵们不能向我靠拢，百姓们不能对我信任，人卑微，权力也就会受到轻视。希望能有大王所宠信的大臣、国家所尊重的人物担任监军的职务，这样才行。"齐景公答应了田穰苴的要求，决定派宠臣庄贾担此重任。田穰苴向齐景公告辞之后，便到庄府拜会了庄贾，并和庄贾约定：第二天正午在营门集合出发。

第二天，田穰苴提前来到军营，布置好观测时间的标杆和滴漏，等候庄贾。到了正午，军营的广场上军旗飘扬，几个方阵的士兵排列整齐，整装待发。田穰苴推倒了标杆，放了滴漏里的水，站在高台上向大营外眺望，仍不见庄贾的人影，就叫副将派人去请监军大人，自己独自到军营内指挥操练，检阅军队，宣布军规军纪。

与此同时，庄府里热闹非凡，庄贾的朋友听说他要出征，纷纷上门为他送行。庄贾向来骄横，他认为率领的是自己的军队，又是监军，没有把田穰苴与他约定的时间当回事，就与为他送行的朋友喝起酒来。众人酒喝得正酣，门丁来报说正午已过，门口有士兵来请大人去军营监军。庄贾听了，不屑一顾，并嘲讽说："小平头当将军，总把鸡毛当令箭，时间到了又怎么样？"

穰苴几次派人催促，直到黄昏时分，庄贾才带着醉容到达营门。穰苴问他为何不按时到军营来，庄贾无所谓，只说什么亲戚朋友都来为自己设宴饯行，自己总得应酬应酬吧？所以来得迟了。穰苴非常气愤，斥责他身为国家大臣，有监军重任，却只恋自己的小家，不以国家大事为重。庄贾以为这是区区小事，仗着自己是君王的宠臣亲信，对穰苴的话不以为然。穰苴当着全军将士，命令叫来军法官，问道："无故误了时间，按照军法应当如何处理？"军法官答道："该斩！"穰苴即命拿下庄贾。庄贾吓得浑身发抖，他的随从连忙飞马进宫，向齐景公报告情况，请求景公派人救命。在景公派的使者没有赶到之前，穰苴已下令将庄贾斩首示众。全军将士，看到主将杀了违犯军令的大臣，个个吓得发抖，谁还再敢不遵将令。这时，景公派来的使臣飞马闯入军营，拿景公的命令叫穰苴放了庄贾。穰苴沉着地应道："将在外，君命有所不受。"他见来人骄狂，便又叫来军法官，问道："乱在军营跑马，按军法应当如何处理？"军法官答道："该斩！"来使吓得面如土色。穰苴不慌不忙地说道："君王派来的使者，可以不杀。"于是下令杀了他的随从和三驾车的左马，砍断马车左边的木柱，然后让使者回去报告。将士们看到田穰苴说话算数，治军有方，有法必依，铁面无私，个个精神振奋、斗志昂扬，增强了齐军的战斗力，击退了敌军，收复了失地。

在穰苴执法的典故中，穰苴原本想让宠臣庄贾帮自己助威，以避免人卑微、权力会受到轻视，士兵们不能向自己靠拢，百姓们不能对自己信任之劣势。庄贾不知配合反而欺之，但穰苴内心思想意识强势，以及有任"大将"的位置势能，敢于"将在外，君命有所不受"，反借庄贾的头、斩杀君王派来使者的随从和三驾车的左马，展示了自己的权威，并且是按照军法，以法治军，树立了军法军纪的威严，当着众士兵的面斩杀，依法斩杀监军比杀鸡儆猴更上一步，是杀虎儆猴，起到了非常好的宣传效果。穰苴杀庄贾不是目的，仅是一个形式，要借这个形式达到严军纪、树权威的目的，所以要当众斩杀，以达到震撼士兵的效果，依照严明的军法行使权力，使士兵相信军法有效，在这个过程中也建立了自己作为将领的权威。

科学训练行动提高效能。2002 年的诺贝尔经济学奖获得者丹尼尔·卡尼曼（Daniel Kahneman）著有《思考，快与慢》一书，丹尼尔·卡尼曼提出在人的大脑中，存在着两个思维系统：快思考系统和慢思考系统。快思考系统会根据生活经验形成快速的反应，使生活简化；慢思考系统十分谨慎，具有推理能力，要集中注意力可以处理复杂事情；快慢系统的结合使人们既能快速地反应并处理瞬时变化，又能仔细学习、研究、分析推论复杂的事物，并节省脑力。

大脑怎样思考是前沿脑科学研究的内容，人们发现在考虑复杂事物时大脑中热点较多，思考简单的或熟悉的事物时，大脑中的热点较少，这说明思考复杂的事情费脑力，对简单的或熟悉的问题可以简洁处理，大脑反应快。现在不能复制大脑思考的模式，但丹尼尔·卡尼曼所说的快思考和慢思考现象是存在的，人们可以“不加思索”地快速做出反应，也可以仔仔细细地推敲，也能在限定的时间内做出决策，人们的思考可按某种逻辑进行取舍，做出快速反应，人们可以通过学习或反复训练而建立快思考模式。故有“一万小时定律”，作家格拉德威尔在《异类》一书中指出“人们眼中的天才之所以卓越非凡，并非天资超人一等，而是付出了持续不断的努力。一万小时的锤炼是任何人从平凡变成世界级大师的必要条件。”也可以说是建立与固化思维模式，使行为由“慢”转“快”的锤炼过程。

罗振宇在《逻辑思维》中分享了“怎么改变一种本能”的案例。在接受拳击训练中，要改变人的一些本能反应，对方一拳挥过来，人的本能反应是闭眼。在拳击场上，如果闭眼了，那就很容易失去平衡而被打倒，所以训练中就要练习面对挥来的拳头睁着眼睛，有的教练要求学员眼睛一直盯着对手的眼睛，并不断提示自己睁着眼睛，经过训练就能够面对拳头睁着眼睛。这或许验证了所谓“本能”是一种固化意识思维逻辑，形成某种思维逻辑就可以简化推论，形成经验“感觉”式的“快思考”，甚至不加思索地采取行动，表现为本能。穰苴能够击退敌军、收复失地，除依法治军外，也离不开平时严格的训练。训练除了增加肌肉力，也可以通过重复的动作使人的意识产生和固化某种逻辑，在该情况下，人在感受（即意识）到某种熟悉的情景后，可以“不加思索”地快速反应，做出动作，肌肉力的增强加之思维逻辑就形成了技能，提升了战斗力。

所谓快思考或本能是可以通过训练获得的，也就是常说的熟能生巧，所以培训是管理中的一项重要行动，培训一定要针对成员从事的具体事项进行，才能提高其工作效率，反之培训与其工作无关，则该培训对其提高工作效率作用就小，就如对非格斗人员培训其面对拳头睁着眼一样，这是没有意义的。

科学流程保证高效行动。在管理行动中建立流程、维持和按流程运行是非常重要的，国际标准化组织在ISO9001:2000质量管理体系标准中给流程的定义是：“流程是一组将输入转化为输出的相互关联或相互作用的活动。”通俗地讲，流程是完成事件或进行活动的步骤程序，流程中的步骤是按照次序、条件、因果、反馈等某种逻辑性关系进行设计的。详细的流程与烦琐的流程是两个概念，详细的流程要求每项核心的步骤规范细致、具体可操作，流程条文规定看似复杂但过程清楚、操作简单、一次到位，详细可操作的流程有众多优势；烦琐的流程是流程中有重复的动作，或有多余行动，行为反复不能一次到位，烦琐的流程会降低效率，也会影响成员遵守流程的信心。

比较全聚德烤鸭与麦当劳汉堡的制作流程。全聚德创建于1846年，具有 170 多年历史的全聚德，现在在全球只有 61 家分店。在全聚德培养一个厨师是要师傅带徒弟，带徒弟其实也是在学习流程，烤鸭流程中的操作不够量化，掌握起来不容易，要视鸭的大小加入少许的盐、少许的调料、腌制少许的时间，要掌握炉温，观察鸭皮直到鸭皮表面微红，等等，需要反复操作、积累经验才能逐渐成长为厨师。反观麦当劳，创立于 1955 年，仅有 60 多年历史的麦当劳，分店数量已经超过 3.1 万家，麦当劳之所以可以快速复制，是麦当劳没有特定的厨师，只有标准化流程下的熟练工操作，定量的食材及配比、定量的炉温、定量的烤制时间等，详细的标准化流程可以使操作者易于掌握并按流程加工出品质稳定的汉堡。全聚德与麦当劳两者的发展速度相差之大是有多种原因的，但麦当劳的详细、量化、固定的流程，易于培养厨师和保持稳定的品质也是重要原因之一。

在《下一个倒下的会不会是华为》一书中，作者田涛和吴春波分享了这样一个故事：任正非出差，没有前呼后拥，没有迎来送往。经常的情形是，他到国内某地出差或度假，也不通知所在地的公司负责人，下飞机后，乘出租车直奔酒店或开会地点。乘出租车是他的习惯，偶尔让人看见，反成了新闻。华为的高管们大抵如此。华为一位副董事长说：“华为这样的做法，并不代表领导层的道德觉悟有多高，这不是我们的出发点。重要的是，它体现着华为的价值观：客户重要，还是领导重要？这才是大是大非，关系到公司的胜败存亡。”任正非更是多次发出警告：“我们上下弥漫着一种风气，崇尚领导比崇尚客户更厉害，管理团队的权力太大了，从上到下，关注领导已超过关注客户，向上级汇报的胶片如此多姿多彩，领导一出差，安排得如此精细、如此费心，他们还有多少心思用在客户身上？”任正非更是直截了当地下指令：“你们要脑袋对着客户，屁股对着领导。不要为了迎接领导，像疯子一样，从上到下地忙着做胶片……不要以为领导喜欢你就升官了，这样下去我们的战斗力是会削弱的。”

在2010年的一次会议上，任正非进一步指出：在华为，坚决提拔那些眼睛盯着客户、屁股对着老板的员工；坚决淘汰那些眼睛盯着老板、屁股对着客户的干部。前者是公司价值的创造者，后者是牟取个人私利的奴才。各级干部要有境界，下属屁股对着你，自己可能不舒服，但必须善待他们。

这个故事中所谓“崇尚领导比崇尚客户更厉害”是领导有权力。“为了迎接领导，像疯子一样，从上到下地忙着做胶片”，这是一种普遍现象，这种普遍现象的背后有其原因，有领导的原因，也有接待者的因素。当因“迎接领导，像疯子一样，从上到下地忙着做胶片”而获得好处，就会形成风气，成为潜在的规律性，是缺少制度、流程的约束。这个故事可以引申很多思考，领导下基层的目的是什么？通过什么样的流程才能达到目的？基层接待的流程是什么？要改变这种围着领导转的作风，只有靠制度、流程和监督来保障，并且领导要带头执行制度。制度是依据，流程是办事细则和可监控过程，在流程中设置监控和过程记录，就易于保证制度的执行，也可极大减轻接待与被接待双方甚至多方的压力，大家都按制度、流程规定，各方也不用攀比，形成风俗，省心、省资源，也能提高社会效率。

任何事项都是按某种顺序进行的，完成事项会有多种顺序和条件可供选择，而不同的顺序和条件会影响事项的结果或完成事项的效率。在管理行动中强调流程就是希望建立科学、细致的流程和维持按流程运行，使过程可控并高效取得相一致的结果。流程具有透明的工作标准，相对公平和便于查阅，使相关方便于工作沟通和理解，规避无效的行动，不在流程内增减内容，避免不必要的意外和风险；流程有利于保证公平一致性，可以减少因人而异的随意性、差错、漏项、责任不清、推诿扯皮等问题；流程是信息流的平台，可以记录流程过程和关键数据，以及信息传输轨迹，可以事中监测和事后检查，也可以以流程为平台协调事件间的信息流，使信息畅通；流程是持续改进的基础，利用流程平台积累的数据、实例，进一步研究流程优化，简化流程、提高效率。按流程办事既是对办事人员的要求，也是对办事人员的保护，也更要求领导重视和遵守流程，使按流程办事成为组织的氛围，简化人文关系，使组织健康发展。

4.4　管理行动依赖于信息

管理是离不开信息的，无论管理中的作业行动，还是约束性行动，都是基于信息采取行动，信息是管理行动中的重要内容。以航天飞行产品质量管理为例，为保证飞行成功，要求生产过程全程可控，产品100% 检测，采取了自检、互检、专检制，并要记录检测值和签名存档。在一些关键测试中采取了双岗制，一岗操作、二岗监控，随着技术手段进步，对关键的产品要无损检测、照相留存，也采用了数据自动测量采集和存储，逐渐形成了产品数据包。这样做使产品生产过程可追溯，产品复查有依据，在产品出厂时要对产品履历和检测数据进行复查、验收。这些生产、测试、试验过程记录的数据是对产品质量的证明，也是产品能不能出厂的决策依据。在产品出现质量问题进行归零时，其产品历史数据和记录的信息也是查找问题的依据之一，信息支撑管理决策。

另外，过程的留名记录也加强了操作人员的责任心，产品质量更能得到保障。信息随活动产生，记录了就是实际存在的，就便于检查，就有价值，不记录就失去其价值。随着技术的进步，信息采集、储存越来越容易，并向量化发展，向智能采集、智能记录、智能分析等智能化方向发展，将会带来更多价值，也会促进人工智能的发展与应用，会辅助人们决策，甚至会进一步改变我们的管理模式。在此特别强调，我们要重视信息的收集、分析、传送和储存，基于正确的信息才能形成科学的管理，信息技术和人工智能的发展将为管理提供新的手段。

4.5 思考题

1. 一个牧羊童，每天为别人赶羊、放羊，时间久了，知道了羊的习性，当挣了钱自己买了几只羊，为自己放羊。牧羊人放羊中还要观察，留下健壮的母羊，淘汰生长慢的羊，几年后羊繁殖成群，附近的草不够吃就要到更远的地方放羊。

羊群中健壮又认路的羊成为领头羊，其他羊知道跟着领头羊可以吃到更多的草，而不迷路。羊的数量多了，活动的范围大了，牧羊人为了防止羊走散又养了牧羊犬，牧羊犬按牧羊人的意图驱赶离群的羊和拦截羊群不出区域，并防范狼。羊的数量越来越多，牧羊人要去更远的地方找草原，要找更大的市场去卖羊，于是又买了马，骑在马上的牧羊人视野开阔、行动迅速，牧羊人放羊、卖羊，发展越来越快。牧羊人在市场中看到了令人喜爱的哈巴狗，就买了哈巴狗养了起来。

日复一日，羊知道天亮要去吃草，并不能脱离羊群，天黑要回羊圈；牧羊犬也知道只有羊脱离羊群才能去追赶、去叫、去恐吓，而羊群中正常吃草的羊是不能驱赶的；马驮着牧羊人按指令到处找更大的草原、更大的市场；哈巴狗在牧羊人面前要时刻讨主人欢心。

对牧羊人的故事有何感悟？牧羊人和各个动物体现了什么管理行动？

2. 在《西游记》中，唐僧西天取经，组建了以唐僧为首，孙悟空、猪八戒、沙僧参加的团队，团队成员个性鲜明，孙悟空有 72 变，猪八戒有 36 变，各个能耐都很大，唐僧很好地驾驭了这个团队，他是怎样做到的呢？猪八戒在唐僧面前扮演什么角色？

3. 如何理解执行力？为什么要强调执行力？

4. 请讲一讲对法不责众的看法。

5. 在华为接待领导的故事中，对“为了迎接领导，像疯子一样，从上到下地忙着做胶片”的现象再进行深入分析，为什么会这样？有哪些原因？矛盾的主要方面是什么？

第五章
管理的规律性

"认识规律、把握规律，是做好各项工作的前提，也是提高领导水平和工作能力的必然要求。""领导要有水平，水平从哪里来？水平来自对客观规律的认识和掌握。""要透过现象看本质，从零乱的现象中发现事物内部存在的必然联系，从客观事物存在和发展的规律出发，在实践中按照客观规律办事。"习近平总书记在不同的历史时期，在多种场合都反复强调过认识和掌握规律的重要性，深刻阐明了只有研究把握好规律才能少犯错误、干好工作的道理。

管理是科学，就有其规律性，掌握规律性则有利于提高管理效率。认知规律性可以使人们知其然知其所以然；掌握规律性可以预见事情发展的趋势和方向，以及事情可能的结果而提前应对，指导实践活动，防范风险；掌握规律性可以利用对规律的认识，改变或创造条件，引导事情向有利的方向发展。

5.1 规律与管理的规律性

什么是规律，从唯物主义哲学讲，规律是客观事物间相互联系、相互作用中实质的、固有的本性，是客观存在，不以人们意志为转移的。在事物发展或变化时，规律表现为事物间相互作用的因果关系，是前因后果的必然联系，并且之间的变化是可复制的恒定关系。规律是客观存在的，通过因果关系可以探索和认知规律，人类认知的规律也仅是客观存在规律中的一部分，是某些条件下的规律，还有很多规律没有认知。对个人而言，可以通过学习、实践去认知的规律，也仅是规律中的冰山一角。

恩格斯在黑格尔的《逻辑学》基础上总结和提炼出三大规律，即对立统一规律、量变质变规律、否定之否定规律。这三个辩证法规律在哲学上是高度浓缩、提炼的产物，也就具有普遍的指导意义。

对立统一规律：事物的内部矛盾是事物发展的基本动力。矛盾双方是对立的但相互依存、发展和变化；矛盾是普遍存在的，在一切事物的发展过程中，自始至终存在矛盾，即所谓矛盾无处不在、无时不有；矛盾的不平衡性，包含主要矛盾与次要矛盾、矛盾的主要方面与次要方面。意大利经济学家帕累托认为，在任何一组东西中，最重要的只占其中一小部分，约 20%，其余 80% 尽管是多数，却是次要的，故称为二八定律。当多种事物和因素组合在一起时，就构成了多因果关系组合作用，虽然单个因果关系依然起作用，但事物呈现出的是因果关系组合作用结果，而这其中是由主要的因果关系主导。在实际工作中的策略如：抓主要矛盾、统一战线等都是对立统一规律的应用。

量变质变规律：事物发展的规律是由量的积累到质的飞跃。事物的发展从量变开始，当量变达到一定的界限时，量变就转化为质变，事物的性质发生了变化。千里之堤毁于蚁穴，是讲小小蚂蚁洞在水流的渗透和冲刷下，蚁洞越来越大，会使长堤溃决，是量变到质变之例。

否定之否定规律：事物在否定过程中发展。事物的发展是曲折的，通常比喻为螺旋式上升，否定之否定是对事物不断发展的肯定，否定为发展腾出空间，发展是无穷尽的，人类社会是在不断否定中发展的。

认知这三大规律有利于引导我们用发展的观点分析事物，去探求所遇到事物的具体规律,用对立统一规律去分析主要矛盾并抓住主要因素;用量变质变规律去分解目标，从点滴做起，促进事物发展，也要防微杜渐，防范风险；用否定之否定规律不断查找问题，加深对规律的认知，解决问题继续发展。三大规律是一种逻辑思维的方法，指导对具体事物的分析，认知其主要规律，事物往往是多种规律组合作用，各自的规律不变，但主要矛盾会因环境而变，结果也会不同，世界因此而丰富多彩，要具体事物结合环境具体分析，正确辨识主要矛盾和主要因素，认知其规律，就有利于掌握主动。管理也有科学的共性规律性，认知管理共性规律，可以指导管理行动，提高效率。

管理规律性是泛指管理中所体现出的和实际存在的有类同规律性质的关联关系，或者说是实际管理中所形成的同等（类似）条件下可关联出现类似结果的可重复现象，当这些关联关系稳定、固化、可类同重复，就成为管理中的规律性。这里的规律性不等于规律，是指与规律类同，有在类似条件下可重复的性质，规律性包含客观规律、社会规律，以及在管理权限范围内实际形成的因果关联、可类似重复有规律性质的现象。管理规律性这个词组是借用哲学上规律的概念，强调实际管理中存在相对稳定的、能够复现的因果关系，这些稳定的、能够复现的因果关系有其导向作用。

管理中人为地把事物之间加以逻辑关联，形成行动与行动间或行动与结果间因果逻辑关联，使之固化并可实现类同的重复，就营造了管理中的一种规律性。管理权限范围内形成的规律性是由管理行动产生的，其规律性体现在行动和环境氛围中，无论管理作业性行动，还是管理约束性行动都是在某种氛围内进行的，人们寻求某种规律性而行动，在行动中又延续某种规律性，或在行动中形成新的规律性。新员工入职，要学习相关制度要求，要进行技能培训，或有师傅带领工作，他们先要感受工作氛围中的规律性，那些容易感受到的、或印象深刻的规律性对其意识影响大就易产生印象，尽快掌握规律性并遵循规律性就能尽早适应工作。在遵循规律性行动中又延续该规律性，在工作中，他们也探索新的路径，希望完成任务、受到表彰，希望用少的付出得到大的增值回报。当某个路径有利可图并又能行得通时，不论这个路径模式是否在管理制度中明确，当其实际存在并一而再再而三出现时，就成为该管理环境中的规律性之一。

管理中的规律性是多种多样的，有的是传承的，有的是在不知不觉中习惯形成的，有的是风气形成的、有的是有意识主动形成的，科学管理就要营造符合科学的规律性，引导行为完成目的。如奖惩规律性，是人为地把完成任务情况与奖惩加以因果逻辑联系，是管理者设计的因果逻辑联系。奖惩是为了调动积极性，完成任务，要形成奖勤罚懒的规律性，在某事项完成后、或某个关键行动完成后，要视完成情况采取奖惩行动，当奖勤罚懒的管理行动模式持续得到实施时，就成为奖惩的规律性。

管理规律性与制度约束关系，当按制度约束行动时，制度约束中的规律性就在行动中实际反映出来，就是法治管理；当实际行动反映的规律性与制度约束要求中的规律性不吻合时，管理中的规律性是实际行动所反映的规律性，制度约束就成为一纸空文；在实际中常常是制度约束要求中的规律性与行动反映的规律性都在起作用，但其起作用的程度不同，就如同法治与人治并存。制度约束为行动提供法理（制度）依据，使行动产生的规律性得到保证，法治管理相对固化了规律性，可依法（制度约束）知其规律性。

探讨管理的规律性是为了在管理中形成和维护科学的、导向管理目的规律性，要使人们能够容易感受到规律性，遵循规律性形成良好的工作氛围。所谓科学管理，一是遵循科学规律形成有效导向管理目的路径和环境氛围；二是使人们能够很容易地感受到规律性并认知到遵守规律性之利，发挥主动性实现目的。

遵循科学规律。规律包括客观规律和社会规律，客观规律是自然界事物内在的本质、固有的联系，是不以人类的意志而改变的，如地球环绕太阳运转、太阳系随银河系运转，这是由它们内在的本质、固有的联系决定的。社会规律是人类历史的、长期的社会活动形成的，是随同人类向文明、向科技的进步而发展的，不以个人意志而改变的。客观规律和社会规律环绕在人们身边，人们学习、认知规律，就能透过现象看本质，从零乱的现象中发现事物内在的本质联系，才能分析主要矛盾和矛盾的主要方面，解决主要矛盾就能有事半功倍的效应，掌握其规律也能预测事物的发展，提前做好准备。

科学发展是在已知规律的基础上探索新的规律，在失败中检验未认知的规律和纠正违背规律的行为，在成功中提炼总结规律，管理的科学实践活动亦是如此。美国古典管理学家、科学管理的创始人弗雷德里克·温斯洛·泰勒，以科学的方法在工厂进行试验，研究和分析工人的操作方法和动作所花费的时间，以及劳资双方的关系，寻求其中的规律性，形成了科学管理原理。他认为，科学管理的根本目的是谋求最高劳动生产率，提出了雇主和雇员共同富裕是提高工作效率基础的观点。泰勒研究了效率与薪酬的规律性，提出了刺激性的“差别工资制”计件工资制度。计件工资制是指按照生产的合格品数量和预先规定的计件单价来计算报酬，工人在 8 小时内生产出的合格品数量乘以计件单价就是当天的工资。工人能感受到多劳多得的规律性，可以调动起工人的积极性，愿意生产出更多的合格品，并努力降低废品率，从而提高生产效率。泰勒根据生产难度、合格品数量与薪酬多少建立起了因果逻辑关系，因为生产出合格产品，从而获得报酬，又因为生产合格品的数量，决定了报酬的多少。差别工资制是导向性的制度约束，当执行约束行动是按差别工资制执行时，就形成了差别工资的管理规律性，工人知道自己生产数量与当天的工资关系，就能明显感受到多生产合格品就能多获得薪酬的规律性而努力工作，这也有利于实现管理目的。

差别工资制不仅是制度规定，而且能够得到落实执行，制度和行动一致体现了法制的规律性，如仅停留在制度上而没有实际执行，说而不行就不能形成规律性，若没有“差别工资制”计件工资制度约束，工人仅能在生产中感悟，而执行约束行动就缺少了制度的依据。又如“迟到早退要受处罚”，若没有制度要求，“对迟到早退要受处罚”就缺少依据，但仍可以成为管理中的一种实际存在的规律性。若有制度要求，但实际管理中并没有对迟到早退进行处罚，那么迟到早退受到处罚就不是该管理中的实际规律性，只有采取管理行动对迟到早退进行处罚，持之以恒就形成了该管理中的实际合法规律性。

所谓企业管理中的法治是有制度且按制度执行，实际管理中的规律性和制度中的规定是相吻合的。所谓人治，是管理中按管理者的意图行动，实际中难以体现较为固定的因果逻辑关系，或其规律性没有在规章制度中反映，甚至与有的规章制度不符，制度的规定得不到保障。通常企业处于法治与人治共存的状态，制度和管理者意图同时在发挥作用，或偏重于法治、或偏重人治，在实际中既能感受到合乎制度的规律性，但又时时出现例外。从被管理者的角度看，若在实际中感受不到规律性，或许是规律性太弱，也或许是没有领悟规律性，因此不知怎样做会成功、会得到肯定，就难以发挥积极主动性，管理效能就会低下。营造导向目的的规律性，使人们了解和掌握工作中的相关规律性就能积极主动地行动。

科学管理中展现规律性，强化引导作用。管理的规律性是导向目的，是希望相关人们知道、认同，并引导人们去实现目的。每个人的感知和认知能力对规律性的掌握程度是不同的，这里有人与人的个体差异，也有规律性明显与否等复杂因素。规律是需要人们探索才能逐渐了解其本质，人类是从感知简单的自然规律开始，认知周边的事物和天时地利，并不断地探索深入从宏观到微观的分子、原子，从探索周边扩展到地球、太阳系，再到宇宙起源。在探索中，人们认知自身感知能力局限，发明了电子显微镜、电子射电望远镜、粒子加速器、光谱仪等等，借助科学的设备扩展了人类的感知能力和研究手段。至今已形成自然、政治、经济、文化等无数的规律。每个人从出生就生活在这些规律中，并学习和发现规律，个人仅仅是感受和学习其中的很小一部分规律，又由于每个人经历和感知水平不同，其对规律的认知、掌握程度也不同。

《禅宗公案》有个故事讲善恶都是引导的结果：南山和尚的弟子外出化缘，得了一担桃子，路过李家庄时把桃子放在树下，然后找地方方便去了。回来时，见一群人正围在树下吃桃子，弟子大喊："那是我的桃子，不许吃。"回到寺里，弟子向南山和尚抱怨："李家庄的人太可恶了，居然偷吃桃子。"南山和尚慈祥地笑了："不怪他们，愿佛祖保佑他们平安。"过了一阵子，弟子再次下山化缘，在李家庄摔伤了腿，村民就把他抬回家中，还请来医生给他治疗。南山和尚知道后问弟子："你还说李家庄的人可恶吗？"弟子挠着头，说："上次是挺可恶的，这次怎么友善了呢？"南山和尚说："大善大恶的人，毕竟是少数。大多数人，都和这李家庄的村民一样，是些普通人。既有小恶，也有小善。你给他一个善的契机，他就表现为善；你给他一个恶的契机，他就表现为恶。所以说，恶要原谅，善要引导。你把一担桃子丢在树下不管，还怪别人偷吗？"南山和尚讲的大善大恶是少数人，多数人既有小善也有小恶，这是归纳的经验，也可以说是规律性总结；又如把桃子放在树下，是人们纳凉、孩子玩耍的地方，只要有人带头吃桃子就形成了跟随贪便宜获利的引导性。南山和尚以他的阅历，悟出了善恶都是引导的结果这个规律，这种引导诱发人的潜在意识而产生行动。

詹姆士·威尔逊及乔治·凯林于1982年提出破窗效应，随后有很多学者进行实验验证。一幢有少许破窗的建筑，如果那些破窗不被修理好，就容易让人产生反正有破窗了，再破几扇也无所谓的意识，而引发破坏更多的窗户，最终可能导致一些人闯入建筑内，又引发出更大的破坏。同样一条街道有垃圾时，不及时清理，人们就会无所顾忌将垃圾顺手丢弃在地上，街道越发脏乱差，这也类同破窗效应引导的结果。

《禅宗公案》的善恶引导与破窗效应都有相同的规律性，人的内心善恶意识是受环境引导的。《禅宗公案》善恶引导的规律需要人们去悟、去细思量才能感悟，破窗效应则是直白地告诉人们相关的规律。管理上要建立的规律性是希望人们能够容易理解、掌握和遵循的。在历史典故穰苴执法中，穰苴当着全军将士的面，命令叫来军法官，问："无故误了时间，按照军法应当如何处理？"军法官答道："该斩！"穰苴即令将庄贾斩首示众；景公派来的使臣飞马闯入军营，拿景公的命令叫穰苴放了庄贾。穰苴便又叫来军法官，问道："乱在军营跑马，按军法应当如何处理？"军法官答道："该斩。"来使吓得面如土色。穰苴不慌不忙地说道："君王派来的使者，可以不杀。"于是下令杀了他的随从和三驾车的左马，砍断马车左边的木柱。穰苴两次叫军法官问军法如何处理，并毫不留情地依军法处理，是一而再地强调按军法要求办事，也就建立了依军法行事的规律性。使官兵知道不能违反军法，而对于悟性高的官兵则会感悟到按军法去发挥主动性，会得到奖励，就会调动起积极性。

管理规律性可明显展示的引导作用非常重要，规律性要发挥导向作用，其展示得越明显，则导向作用越强。管理缺乏规律性，或规律性不明显，人们难以了解和掌握规律性，则内心的善恶意识将主导自己的行为；当人们了解所处环境规律性，知道哪些行动会得到鼓励，哪些行动会使自己增值，哪些行动一定会受到处罚，则内心的善恶意识就会受到影响，并向规律性引导的方向行动，其积极性、主动性就容易发挥出来，管理就成功地营造了一种有利于实现目的的环境氛围。

认识规律、把握规律，是做好各项工作的前提，也是提高领导水平和工作能力的必然要求。管理者不仅要自己把握规律，还要在管理权限内科学地营造出明显的、易感受到的、导向完成目标的规律性，要使组织成员能够明显地感受到规律性。建立明显规律性，可以从抓主要矛盾突出主导规律性，规律性与个人增值密切关联，可以从建立榜样进行宣传等方面着手。

抓主要矛盾突出主导规律性。管理中，组织成员会遇到很多有因果逻辑的事物关联，一个结果是由多个原因，或单独、或共同作用造成的，这就要求人们要分清主次原因，突出重点。不同的人掌握信息不一样，思考的方式也不同，看问题的角度也会不一致，就会认知出不同的规律性。例如组织中提拔一个人，有人从其工作能力上去关联，可能得出的是工作能力强，而被提拔；也有人从与领导关系上猜测，认为是有裙带关系被提拔；也或认为是两者都有而被提拔；还会有人道听途说猜测的更多。究竟是什么原因，这需要信息透明，要把主原因公布，就是告知组织成员主要规律性。

在实际中，一件事情是由很多因素共同作用的结果，其规律性比较复杂，特别是周期较长时，不同时期不同规律性起主要作用就难以显示出主要规律性，可以依据事件发展过程细化流程，把流程中每一步的主要因素分解出来，建立对应该步骤的规律性，缩短周期，减少影响因素，使短周期规律性显现出来易于组织成员掌握。比如泰勒的“差别工资制”计件工资制度，工人在 8 小时内生产出的合格品数量乘以计件单价就知当天工资，工人每生产出一件合格品就知道多一份收入，能感受到简单明了的规律性。若把差别工资制与工厂效益挂钩，虽然也是合理的，但中间的过程太多，工人不易感受到自己的劳动与工资的规律性。在显现和突出主规律性上，采取细化流程、缩短周期落实到具体岗位上是常用的方式之一。

规律性与个人增值密切关联，以使人感受导向性。管理中的规律性可以是多种多样的，甚至在不知不觉地成为习惯时就形成了某种规律性。这些规律性构成了管理中的规律性集，尽管不同的场景有不同的规律性在起主导作用，但在规律性集合中，那些与个人增值直接关联的规律性其影响大、有很大的导向作用。泰勒的“差别工资制”计件工资制度，是与工人的切身利益紧密相关的。这里的增值不仅是薪酬，也包含人的不同层次需求，取决于人的价值观。科学设计好行动或行动结果与个人增值的规律性是持续调动个人积极性的重要方法，是共赢的基础，使贡献与个人的增值成正比是管理规律性集中的主旋律之一。要通过行动把共赢的规律性建立起来，要结合具体管理不断积累数据、优化和显现共赢规律性，要基于真实、透明的信息和制度约束，使人们正确认知规律性。当遵循管理规律性有利于完成任务和获得个人增值时，宣传并明显显示出这种规律性，就有利于组织成员认知和调动其积极性，逐渐成为习惯，简化管理、提升效率。臧克家曾诗云：“老牛亦解韶光贵，不待扬鞭自奋蹄。”老牛是知道劳作规律，知道走错了是要挨鞭，耕完地有饲料吃，故能自奋蹄。

建立榜样进行宣传。规律性不完全等同于规章制度，必须要有行动才能形成管理规律性，规章制度是告诉人们有哪些要求和要遵循的规律性，宣传规章制度的同时也要有身边的案例，要建立样板，使人们能真实感受到。“全国劳动模范”、工人运动家马恒昌先生爱讲一句话：“喊破嗓子不如做出样子。”他以身作则，依靠“劳动竞赛、民主管理、技术革新”三大法宝，开创了中国工业企业班组的建设先河，实现了众多革新成果，超额完成了任务。喊破嗓子而没有行动仅是口号，做出样子是建立了榜样，做出样子既是强调以身作则的行动，也是讲样子是可以复制的，榜样是有其规律性可以复现的。

俗话讲，万事开头难。建立榜样的例子，就可以成为好的开端，别人就可以模仿，加予持续鼓励，使之成为管理中的一种规律性。当然在这个过程中要加以宣传，使更多的人知道榜样以及怎样成为榜样，照着榜样行动，就可能取得成功，引导人们去实现管理目标。同样建立按规章制度执行的榜样也需要宣传，如穰苴执法，穰苴当着全军将士，将庄贾斩首示众，下令杀了景公派来使臣的随从和三驾车的左马，这是建立一个违反军令者死的样板，庄贾、随从、左马是违反军令的反面“榜样”，当众斩杀就是宣传。当行动遵循规章制度时，规章制度反映的规律性就得到了落实，管理者和被管理者能够共同按规章制度执行，就形成了法治管理。

5.2 共性的管理规律性

管理有众多的方式、方法和经验，这些都是在管理实践中对其规律性进行总结、归纳、提炼和升华的，各有其适用范围。每种方法都要结合具体的人文环境、具体的事情进行调整，但其实质的规律性是不变的。掌握实质的规律性，知其本质就可以结合实际灵活应用，管理的规律性有很多，表现形式也不同，但有最基本、共性的规律性。

5.2.1 合作共赢规律性

合作共赢是在行动中的合作者都期望能获得价值增值，即通过相互配合的行动使参与行动的各方都有希望达到自己所期望的目的，或有利于达到各方所期望的利益。合作共赢的前提是合作各方在合作事项上有共同的利益，尽管各自的目的可能存在差异，但只要在目的共存与可分解的包容性范围内就有可能进行合作。

合作共赢是人类社会发展的基本规律，也是人类社会和平、快速发展的主旋律，故有合作才能发展共赢的王道之说。尽管人类社会发展中有战争、有相互敌对的势力、有各种的竞争，但合作发展是主流，即使在敌对各方内部，依然要靠合作共赢组合在一起。《三国演义》开篇讲“话说天下大势，分久必合，合久必分”。实际上分合源于利益，能够合作共赢达到期望的利益则“必合”，利益不能共赢或分配失衡、缺失合作基础就“必分”，是合中有分，分中有合，这也符合否定之否定的规律。

组织是建立在组织整体与组织成员合作共赢基础上的，是一种有序的合作共赢形式，人们参加组织是认同组织目的，在为实现组织目的付出努力的同时，也希望自己的收入增长、财富增加、能力提高、受人尊敬、自我实现，这些可统称为获得价值增值。同样，组织也需要成员的合作才能生存，并在生存中向实现目的的方向前进，使组织的价值增值。组织价值增值要靠组织成员的努力，要调动组织成员的积极性，使组织价值增值与成员的价值增值协调匹配就是合作共赢的体现。或者说组织成员的价值增长是随同组织价值增值一起实现的，这就是组织和成员的共赢。当组织成员价值增值需求长期得不到满足时，或其他组织赋予的预期价值增值更高时，成员就会产生跳槽的欲望，就要脱离与现有组织的合作；当组织出现价值负增长时，组织发展失衡、难以维持共赢，就会裁员。成员与组织合作，要在共赢的基础上寻找价值增值分配合理的平衡点，顾及组织和成员的长期发展，当然，组织成员的价值增值也必须与其对组织的价值增值贡献率相关联。

泰勒研究效率与薪酬规律，提出了刺激性的报酬“差别工资制”计件工资制度，认为差别计件工资制对工人士气的影响效果是显著的。当工人们感觉受到公正的待遇时，就会更加英勇、更加坦率和更加诚实，他们会更加愉快地工作。泰勒提出雇主和雇员共同富裕是提高工作效率的基础。这种“差别工资制”计件工资制度的核心规律是建立在合作共赢上的多劳多得，在这个制度下，工人的工资与工件加工难度和完成的数量直接关联，工人能感受到自己的贡献与工资成正比，调动了工人的积极性，提高了生产效率，也获得了更多工资，雇主也得到了更大的产值并预期满足市场有更大的利润收入。雇主只有从差别计件工资制的实施中获得更多利润，才能支撑“差别工资制”计件工资制，实现共赢。

差别计件工资对工人讲是多劳多得规律性非常具体和量化的表现，工人更多关注的是自身价值的增长，雇主则要考虑市场销售，考虑风险和利益平衡，在雇主与工人的矛盾中，雇主是主要方面，要统筹兼顾实现共赢。

现代企业中的绩效考核工资、销售利润提成，以及期权激励等，均是在共赢的基础上，对作出贡献的成员给予与贡献成比例的奖励，也有企业拿出部分股权用来激励企业高级管理人员和核心成员，使其成为企业股东享受企业分红，增强主人翁意识，与企业形成利益共同体，企业与成员共同成长，实现稳定发展的长期目标，这都是遵循合作共赢规律结合实际的具体应用。

组织与成员的合作共赢，组织是合作共赢的主导方、是主要方面，有更多的控制权，组织成员是被动方面，成员最普遍的希望是获得期望的薪酬。薪酬制度是组织成员非常关心的，也是组织成员价值增值的直接方式，科学设计薪酬制度在合作共赢基础上体现多劳多得是调动成员积极性的重要手段。美国心理学家亚当斯于 1967 年提出公平理论：职工对收入的满意程度能够影响职工工作的积极性，而职工对收入的满意程度取决于一个社会比较过程，一个人不仅关心自己绝对收入的多少，而且关心自己相对收入的多少。每个人都会把自己付出的劳动和所得报酬与他人付出的劳动和所得报酬进行社会比较，也会把自己现在付出的劳动和所得报酬与自己过去所付出的劳动和所得报酬进行历史比较。职工个人需要保持一种分配上的公平感，如果当他发现自己的收支比例与他人的收支比例相等时，他就会认为公平、合理，从而心情舒畅，努力工作，如果当他发现自己的收支比例与他人的收支比例不相等，或现在的收支比例不如过去的收支比例时，就会产生不公平感，内心不满，工作积极性随之降低。

组织要重视思想意识教育，要使成员的意识认同组织的目的从而形成凝聚力，当成员的意识坚定认同组织目的，把实现组织目的视同自身价值增值、志愿为组织目的奋斗时，成员就与组织融为了一体，合作就会长久有力；组织成员也希望在组织中有机会发挥自己的才能，提高对组织的贡献率而获得更大的价值增值。成员为组织工作，组织在获得价值增值的同时使成员获得相匹配的价值增值，形成正反馈的合作共赢有利于组织和成员的共同发展。

组织之间、或组织与其他协作方在局部或系统上的合作也源于合作共赢，通过合作有利于各自目的的实现，或各方都能获得价值增值。这种合作的紧密程度取决于各自目的的相融程度和共赢力度，目的相融度高、方向一致吻合得好、共赢力度强且均衡，合作就会牢固、长久；目的不同、没有共同利益，或共赢失去了平衡点，合作就无法维持；目的有差异，但在过程中的具体事件上，如有相同的目标（利益），并能够找到合作共赢的平衡点，在该事件上就有合作的可能，这种合作共赢是普遍存在的。

历史上苏秦的“合纵”抗秦就是典型的合作共赢例子。战国后期，有齐、秦、楚、燕、韩、魏、赵七国，其中秦国实力最为强大，经常侵犯其他国家，其他六国都难以单独抗衡。当时的苏秦，在锥刺股刻苦读书学习后，以“合纵”六国联合抗秦的战略思想，游说列国，并最终组建合纵联盟，任“从约长”，兼佩六国相印，使秦国十五年不敢出兵函谷关。六国“合纵”抗秦是建立在共赢基础上的，各国参加“合纵”合作，才能免受秦国的侵略，保证国家安全。

毛泽东主席曾系统地总结中国革命的经验，把统一战线作为中国革命中战胜敌人的三个主要法宝之一。在中国革命、建设和改革的各个历史时期，统一战线都是中国共产党的一大重要法宝。统一战线是建立在合作共赢基础上的。

从人与人的互助合作、组织内合作、组织与组织间合作，到国家间的联盟都是建立在共赢的基础条件下的。只有参与行动的各方都有希望达到自己所期望的目标时才愿意合作，合作前各方都会对合作事项进行判断，认为通过参加该合作比参加其他合作，或不参加合作有更高的概率实现自己所期望的目标时，就愿意参加该合作。在合作中能够朝向自己所期望的目标前进，就愿意继续合作，当然随着发展，其合作的期望价值增值也会增大。当合作结果低于自己所期望的增值下限时，合作就可能终止。建立合作共赢，要清晰合作各方目的，以及合作所产生的价值增值是什么，是为了生存、为了进入新领域发展、为了降低风险、为了规模、为了经济增长、为了政治等等。寻求各方期望目标的最大共性集是建立合作共赢的基础，也要针对各方的具体期望目标和价值观描绘其合作愿景，使之认同合作有利发展，合作能加大增值，并愿意参加合作。合作主导方要有系统大局观，分析清楚并抓住主要矛盾，要本着长久合作共赢发展，重点解决当前面临的主要问题，要主动维护合作共赢的价值链，体现贡献率与价值增值率匹配，这虽然很难量化评定，但一定要体现出贡献率高，其价值增值就大的规律性，形成良好的合作共赢生态环境，才能激发积极性，实现长久合作共赢。

合作共赢的规律性，是克服困难、加快发展、降低风险和提高成功概率的法宝，可以团结更多志同道合的人一同奋斗，可以调动各方积极性，加快成功的步伐。在当今时代，人们不仅认识到人类社会需要合作共赢，也认识到人与自然也是合作共赢的关系，要爱护自然环境和谐发展。

5.2.2 彰显导向的规律性

领导要有水平，水平从哪里来？水平来自对客观规律的认识和掌握。管理是科学，有其规律性，管理者要认知其规律性，并遵循规律提高管理水平。同样，组织成员认知管理中的规律性，就能主动按导向规律性行动，并有利于发挥成员的积极主动性，达到管理的目的。

彰显导向规律性是在管理中营造导向规律性，并使导向规律性明显地显现出来，把取得成功的路径明显地展示出来，使人了解哪些行为会成功，哪些行为会被禁止。彰显导向规律性的目的是引导人们感受规律性、遵循规律性快速达到目的。人们工作在一种氛围内，这种氛围是由若干规律性组合所主导的，人们能够感受到所在的氛围，却不一定了解其中的主要规律性。由于人们了解信息的差异、对规律的认知的差异，悟性高的人能够通过一些事件去感受和寻求其主要的规律性，也有的人只关注事件的表象，就事论事则可能遗漏其内在的主要规律性，犹如“拔苗助长”，只看到苗长高的表象，不知苗的内在生长规律。

彰显规律性是让人们容易知晓事件表象下的主导规律性，当人们能够透过现象看本质，从零乱的现象中了解事物内部存在的规律性，就知道什么行动是受到支持和鼓励的，什么行动是被反对的，就能顺其规律性而行并发挥主动性，变被动地服从为积极主动地完成任务。老马识途、驾轻就熟，这些成语描述了表面的行为其内在因素是知其规律性不用扬鞭自奋蹄，这也是管理所希望的。反之管理行动中没有规律性，或规律性不明显，因为不知所以，要观望领导的态度、要摸索，成员就难以发挥积极主动性。

怎样彰显导向规律性，可以从目标分解细化、落实责任、及时展示宣传等方法的组合应用使规律性显现出来。一个复杂的事项，其周期长、主导因素很多，错综复杂是由若干规律性综合的作用，让人们难以认清其规律性，将复杂的事项细分，当分解到周期较短且为单因素起主导作用时，其规律性就易于被人们了解、掌握。目标的分解细化有利于责任制落实，责任制落实要求责任者认知、掌握其责任内事物的规律性。目标的分解细化加上责任制落实就能及时显示责任者完成目标的情况，当目标完成情况以及对应的奖惩得以及时展示时，规律性就容易被人们感知，人们追求先进不甘落后的上进心，以及价值增值导向就能激励人们去完成目标。

目标分解细化。遵循量变质变的规律，将大目标按某种规律性分解成若干子目标，并使子目标尽量细化和量化，完成这些子目标有利于实现大目标。目标分解细化可以将宏伟的、看似难以完成的目标，分解成一项项能够短期内完成的子目标。比如在航天项目中，无论是载人航天工程，还是探月工程，都是非常复杂的大型工程，在工程实施中是将其分解为运载火箭系统、卫星系统、发射场系统、测控系统、应用系统等，这些系统在研制中还要再分解为构成系统的子系统，子系统分解为单机，单机可分解为单板或器件等，它们都有其功能和性能指标要求。这种分解是将一个长周期、众多因素和规律构成的复杂系统，化解为较为单一和短周期内能解决的众多的、小的子目标，以利于克服一个个难题，完成一项项的子目标，最终获得工程的圆满成功。将目标分解细化是管理中最常用的有效方法，一个大目标包含众多任务，需要较长的周期和较多的人来实现，分解成子目标就有利于在小的过程中建立其规律性，一步步行动去实现目标。

对于目标管理，1954 年德鲁克系统阐述了目标管理的三个基本原则：一是 SMART 原则（Specific、Measurable、Attainable、Relevant、Time-based），Specific 目标要具体、明确、有效；Measurable 目标要可度量，最好能用数据来衡量；Attainable 目标通过努力是可以实现的；Relevant 目标是与目的的相关性，有利于目的的实现；Time-based 目标要有时间限制，应在限定时间内完成。二是方向统一原则，在由总目标分解成各子目标的过程中，要确保各子目标的一致性，相互不抵触，是为了实现总目标。三是进度统一原则，分解的各子目标是紧密相关的，必须与过程同步，一步步靠近总目标。

在项目管理中，其重要的一项任务是设计工作分解结构 WBS（Work Breakdown Structure），WBS 是把项目分解成较小的可按阶段交付成果的工作，以使项目各组成部分按某种逻辑有序进行，最终完成项目。其实质依然是把大目标拆分为易于实现的子目标，便于过程管理和实现目标。

目标的分解方式有很多，要结合具体实际和内在的逻辑关系，系统分析并分层级尽量细化，使每项子目标相对独立、简单、周期短，并且明确边界和保障条件等以便于子项目的完成。将目标分解细化后，能给管理带来一些优势：有利于责任制落实，每项子目标、输入输出、边界条件很清晰并相对独立，责任就明确，发挥责任人主动性；有利于掌握规律性，子目标简单、清晰，影响因素数量减少并相对固定，就容易突出主导因素和掌握其规律性，发挥专业优势，这也是按专业分工的道理；有利于短期内集中精力达到子目标，子目标简单、清晰、明确、实现周期短，潜在目的不易附加进来，周期短也可减少目的随机而变，可专心完成子目标；有利于激励和考核，子目标简单，完成周期短，人们每完成一项目标就会有成就感，就会产生自我激励并增强信心开始完成下一个目标，同时也便于组织考核及时奖惩；有利于信息及时反馈，子目标周期短，对出现的问题或因遇到例外使子目标未按时达标时，就可以及时发现，管理就要采取措施，避免影响后续子目标的实现；有利于量化统计，子目标相对简单、周期短就易于相互比对、量化评估，量化是科学管理的发展方向。

落实责任。在目标分解细化的基础上，把完成每项子目标的任务，落实到具体组织领导或组织成员身上。责任是承诺完成某项事情，并承担该事情完成或没完成可能带来的法律、道德、社会公约、经济等后果。落实责任类同与责任人签订契约，明确了责任人要完成的事情、承担的义务、权利和奖惩等。承担责任、完成事情是需要条件作为保障的，诸如事情的边界、起始的条件、周期、过程的流程、资源保障、权力、利益和终结的标志（正常终结的标志通常就是完成目标）等等要在落实责任时明确。

落实责任是组织的常态，组织按需要设定工作岗位，明确岗位的职责和责任人，建立岗位责任制就是落实责任的一种具体形式。按流程再造的基本原则，工作岗位的设置是在目标分解细化的基础上进行系统流程优化，依据优化流程的需要设定岗位，岗位服务于流程，简单讲是依据优化的流程设岗位，而不是按照岗位规定流程。在优化健全岗位责任的基础上，还要规范工作行为，理想的岗位责任制是按规范要求完成流程规定的工作，坚决按规范和流程办事就能形成该岗位的一种规律性。

落实责任制要职责、权力与利益相统一，责任到人就必须有与责任同等的权力，有责任无权力，就难以维持岗位的秩序，岗位工作的一些规律性也得不到维持；有权力无责任，将导致滥用权力，使岗位原有的一些规律性遭到破坏；职责要与责任人的实际利益密切联系，体现出承担责任大获得利益也大的分配规律性。岗位责任制提供了对成员考核奖惩的基本依据，完成岗位责任受到奖励，没完成岗位责任受到处罚，岗位责任制的考核与奖惩就有鼓励先进的规律性，起到提高工作效率、发挥岗位责任制的作用。

目标分解细化后的子目标实现难度相对降低，对应其岗位的规律性就相对简化，易于人们掌握，可按组织成员的特长，分配与之相适应的岗位，才能人尽其才，在岗位上卓有成效地工作。具备认知和维持岗位规律性的能力是岗位责任人员上岗的基本前提，同时岗位责任人员也要有细化本岗位工作的能力，要掌握岗位的规律性，才能把岗位工作高效地做好。

及时展示。及时展示是将要遵循的规律性及时告知与该规律性相关的人们（包括负责维持该规律性的人员和要按该规律性办事的人员），使人们知晓按此规律性才能顺利完成事项，并遵循该规律性。当实际中的规律性没有在组织规章制度中体现出来时，要把组织中实际存在的规律性写入规章中，完善规章制度；要宣讲规章制度，并把规章制度中反映的规律性突出出来，使相关人员知道，而能遵循规章制度，提高效率；对违反规章制度的行为要采取约束行动及时纠正，对遵循规章制度的行为要及时地鼓励和宣传，遵循规章制度办事，规章制度的规律性就成为实际规律性。

在泰勒的“差别工资制”计件工资制度中，工人每天根据自己在8小时内生产出的合格品数量就知当天的工资，让工人及时、明显地感受到合格品数量与工资的规律性。在穰苴执法典故中，穰苴当着全军将士，将违反军令的庄贾立即斩首示众，景公派来的使臣违反军令，也立即杀了其随从和三驾车的左马，这都是及时展示规律性的表现，若是过段时间再杀，违反军令与被斩杀的因果关系展示性就不如及时杀的效果好，甚至在这段时间内违反军令者增多，成为法不责众时纠正的难度就大大增加。奖励和处罚都不是目的，而是为了建立导向的规律性，发现有利于实现目的的行为及时奖励，阻碍实现目的的行为及时处罚，是把行为与奖惩强关联起来，及时展示其因果关联，使鼓励的行为得到及时发扬，对错误的行为及时禁止，防止其扩展成风。

1957年，美国心理学家道格拉斯·麦格雷戈（Douglas McGregor）在其所著的《企业中人的方面》一书中提出了X理论和Y理论，X理论认为人们有消极的工作原动力，而Y理论则认为人们有积极的工作原动力。麦格雷戈认为，人的行为表现并不是固有的天性决定的，而是由企业中的管理实践造成的。所谓“管理实践造成的”是受管理环境中导向规律性的影响，在管理中及时展示导向规律性，是要引导人们克服消极情绪，激发人们的积极性。积极向上的人也是组织重点培养和依靠的人，及时展示导向规律性，会激发人们沿规律性引导的方向行动，甚至形成不甘落后的竞赛局面。在田径竞赛中利用及时展示，能促进运动员竞争出好的成绩，在比赛中或分组同场竞赛，如赛跑时同组中的每位运动员都能时刻知道自己处于的位置；或交替竞赛，每位运动员比赛后都要公布其成绩，并在显示器上按成绩排序，使运动员知道竞争对手的成绩，就有利于激发其潜能，创造出好的成绩。

上述目标分解细化、落实责任、及时展示等组合应用与项目管理方法有着共同的特点，或者说是项目管理的主要特点。在项目管理中，首先要确认项目的目标，然后分解工作结构WBS，也就是将目标分解成子目标，并按照分解的工作结构落实每项子工作的责任人，项目责任人要组织过程检查，并在项目的甘特图或流程图上标识、记录每项子工作的开始时间、结束时间，并在甘特图上展示出各项子工作的进展情况，一方面便于掌握项目全局情况，另一方面也起到了及时展示的激励作用，也可以存档为后续类似工作提供工期时间的参考，也是对项目参与人员奖励的依据。当然项目管理还要包括人员、经费、资源、质量、风险等全范围、全过程的管理，直到达到项目目标，但其分解目标做好计划、落实责任人、甘特图及时展示进展，以及按完成情况付款等都是利用彰显导向的规律性，引导行为完成项目。

彰显规律性的方法形式有很多，其实质是让人们能够及时感受到付出一点努力就能取得一点“成效”，感受到一点“成效”而激励继续下步努力，积累这些“成效”就能促进量变到质变，最终实现目标获得成果。

彰显导向规律性不仅在组织管理中有效，在自我管理中同样有激励作用，并且在众多场景、行业中得到应用。诸如在电子游戏中，电子游戏设计的一个基本规律性是在玩游戏时要有一点小难度，每克服一个小难度就能立即获得一定积分，并又有一个新的小难度，克服小难度，就有成就感，面临新的小难度有探索和挑战性能够吸引人们继续游戏。累计积分，当达到一定积分就可以升级获得过关的成就感并出现新的一关游戏，使人欲罢不能。游戏中每个小难度不能太大，使人们稍微努力一下就能获得成就感，从而继续游戏，若太难、且长时间没有成就感，游戏就不能吸引大众。管理不同于游戏，但彰显的导向规律性是类同的。在营销中的销售积分、航空的里程累计、棋艺比赛晋级等等都具有明显的导向规律性，利用一环扣一环的小目标吸引人们，人们遵循其规律性乐在其中，同时这些组织维持积分的规律性也有利于实现他们的经营目标。

5.2.3　事件系统分析保障链

随着科技的发展、认知水平的提高，人们对事件相关因素的考虑越来越全面、思考范围也越来越大，强调系统思维、系统分析、系统设计等是优化方案和保障成功之法。事件系统分析保障链提供了一种系统分析方法和步骤，特别是面对复杂的问题更要有系统的概念，要用系统分析的方法寻求解决方案，优化路径。

在航天型号研制中，对出现的质量问题要按质量归零五条要求彻底归零，在质量问题归零分析时会利用故障树分析法（Event Tree Analysis，也称事件树分析法）将可能导致质量问题的各种原因及之间的逻辑关系用事件树的图表示出来，并一一分析排查，不放过任何疑点，确定质量问题的技术原因。质量问题归零是属于事后处理和对后续产品质量问题的防范。针对新研的航天型号涉及新的领域、新的产品，会有一些未知的因素，为确保新型号飞行成功，在航天型号研制中应用“飞行事件系统分析保障链”的方法，有力地保障了航天型号的飞行成功。“飞行事件系统分析保障链”是把飞行全程分解为一些有特征的相对独立完整的一个个事件过程，分析每个事件发生的必要输入和输出条件，并系统地优化和链接每个事件，通过保障产品质量确保事件按设计发生。如在运载火箭飞行事件系统分析链中，把运载火箭起飞定义为一个事件，它是从发射指令开始、发动机点火到火箭离开支座起飞的完整过程。在这个事件中，包含了各个指令要传递到位、燃料阀门要打开到位、点火器要点火、发动机泵要启动、发动机建压并产生推力、运载火箭开始起飞等一系列动作或子事件。飞行事件系统分析链要分析“火箭起飞事件”所必需的保障条件，如火箭已完成地面电源转箭上电源、推进剂已加注完成、发射塔架摆杆已离开火箭箭体、发动机点火准备好等“火箭起飞事件”前所必需的条件，还要分析事件的输出与后续事件形成系统的紧密连接。

“飞行事件系统分析保障链”是一种系统分析和保障型号产品质量的方法，该方法虽然是针对航天型号研制产生的，但其思路不仅适用于航天型号研制和科研设计，同样适用于管理中事件间的逻辑分析和规划设计，是一种系统分析方法，是运用系统思维分析系统中事件间的联系，保障条件促使事件按预想的计划进行。该方法不限于航天型号系统分析，在此去掉飞行两字，称为“事件系统分析保障链”。

何为事件，事件是实现目标中的一个必要过程及结果，可以将直接相关和密切相关的行为在一段时间内形成相对完整的结果称为事件，通常用结果的名称代为事件名称。事件是一个相对概念，可以把实现目标的全程按时间分为若干阶段，每个阶段有相对完整的结果就是一个事件过程。也可以把目标分为若干子目标，把为完成子目标所发生的密切相关的行为集定义为事件。对于复杂的大事件，可以分层进行系统分析，每个事件过程是由其子事件构成的，通过深入对子事件的系统分析研究该事件发展过程，同样，通过一个层级、一个层级地深入分析，理清大事件的发展过程。

在事件系统分析中，要分析事件间的逻辑联系，要使事件按预期的目标进行，不满足目标时要修改事件的内在过程，或改变事件的外在条件，或引入新的事件建立事件间新的逻辑联系，使系统发展趋向目标。事件的发生是有条件的，要遵循一定的规律，事件系统分析保障链就是分析和正确设计事件间的逻辑关系，并保障事件按预期进行，使系统完成目标。在科研中，事件间的逻辑关系是固定的，在管理中，事件间的逻辑关系影响因素更多，且受环境因素的影响更大，涉及人的心理、偏好、信息获取等，输入输出关系更加复杂，呈现出不确定的概率性，这也更需要把事件化小固化其规律性。理清事件间的因果规律性联系，在科研和管理中都是非常重要的。

中国航天事业的奠基人钱学森力推系统工程，他认为：系统是由相互作用、相互依赖的若干组成部分结合而成的，具有特定功能的有机整体，而且这个有机整体又是它从属的更大系统的组成部分。在事件系统分析中，我们把系统界定为与实现目标所有相关的事件集合以及事件进展过程和所处的环境，这些事件和环境或多、或少、或直接、或间接地影响目标的实现。这是从客观界定系统，如从主观上界定系统，系统是人们为实现目标所认知的和能控制的因素以及逻辑关系等所包括的范围。这不是唯心主义，而是讲主观能动性的重要性，系统是客观存在的，人们所能认知、控制的或许仅是其中一部分，人们是通过已认知和能控制的因素来分析或控制系统，并在实践中探索未知、探索彼此间的逻辑联系，不断加深对系统的认知和控制能力。从主观认识上界定系统是提示人们的认知局限影响着系统分析，要扩展知识领域，系统分析才能更加深入。事件系统分析保障链是把认知的因素标记下来，能起到提示、不遗漏因素，便于启发思路、全面系统地分析和进行事件间的协调。

系统分析是围绕实现目标，寻求与目标相关的事件及所有影响事件的已知和可能的因素，分析各因素与事件的关系及影响途径，分析相关事件间的逻辑关系、事件与全局、事件与目标关系，以及影响的程度，分清哪些是主要因素，哪些是次要因素，哪些是不可忽略的，哪些是暂时可忽略的，抓住主要矛盾，采取针对措施，形成实现目标的清晰路线。系统分析时，首先要考虑已知因素与事件、与目标间的相关作用，当系统不能满足目标要求时，就要考虑这些因素的综合作用是否分析正确，是否有未认知的因素在起作用，这是对系统的深化认知和对系统的完善，直到系统满足目标要求。

系统分析方法多种多样，考虑的因素也非常复杂，但最基本的是从事件开始，分析哪些事件构成系统、事件间的联系，以及单个事件的分析。每个事件可以分为输入、内在过程和输出三部分。输入作为外部条件（包含指令、干扰、环境条件等）通过某种途径影响事件，是事件的外因；内在过程是事件的变化规律性，是事件的内因；输出是内在过程的对外反映，是外因通过内因的作用结果。通过分析事件输入与输出的关系，可以归纳推导事件内在过程的规律性，也可以依据内在过程控制输入获得希望的输出。在事件系统分析时，可以简化单个事件的内在过程，重点关注每个事件的输入、输出以及传输途径，以简化系统分析，抓住系统层级的主要因素。简化并不是不了解事件的内在过程机理，只有了解事件的内在过程机理才能更清晰其输入、输出的关系。事件系统链分析是在清晰单个事件的输入与输出基础上，重点研究事件间的输入与输出的相互关系，以及传输途径。对于单个事件内在过程的分析，可以把事件作为子系统，事件由子事件组成，分级进行子系统分析，研究其内在过程。犹如我们操作计算机，计算机本身是由键盘、主机、显示器、电源、外壳、接口、软件等组成，我们每次使用计算机时无须把计算机子系统组装一遍，我们关注的是计算机输入和输出的操作，以及电源和网络保障。同理，在事件系统链分析时也是分层级进行，把密切相关的行为集作为一个事件，使每个事件相对独立，重点分析每个事件的输入与输出，以及相互间的联系，便于抓住主要矛盾，分层级也能使系统更加清晰，有利于按专业做细工作。

事件系统分析保障链可分为两部分：一是事件系统分析链，完成系统分析和设计；二是在事件系统分析链的基础上制定保障措施，保障事件按预期发生。这里重点介绍事件系统分析链方法。如图 5–1 建立事件系统分析链的步骤。

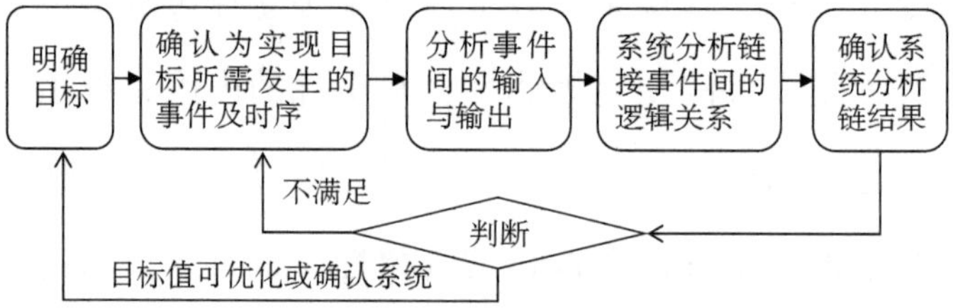

图 5–1　建立事件系统分析链的步骤

步骤一，明确目标。系统分析的第一步工作就是明确目标，要把目的量化为本系统的目标，无论是管理工作还是科研工作，明确工作的目标是共性的必做工作，要清晰知道期望的目标或上级下达的任务和目的，目标即是对完成任务的考核依据，更是策划事件构建系统，进行系统分析、决策等行动的重要依据。在明确目标时，要与任务下达方以及潜在用户仔细沟通（有时任务下达方的目标与用户需求是有差异的），要尽量量化，边界清晰，不产生歧义，便于理解，要形成文字的依据。目标清晰也是组织成员在工作中统一思想的基础。

步骤二，确认为实现目标所需发生的事件及时序。在确认事件时不能丢漏项，对于关联密切的可以合并事件，同一层级的事件不宜过多，过多不利于分析抓主要矛盾，可以通过分层级，理清每个层级的主要矛盾。把每个事件按发生时间的先后顺序排列起来构成事件时序，以时间为横轴，把事件按相对发生的时间标注在横轴上就是时序图，对于事件中的重要子事件时间节点需要系统提供的、或关注的关键时间点也可以标注上，便于系统分析。

事件之间有其逻辑关联，在时间上能表现出先后或同时，优化系统的事件组合，协调、构建事件间前因后果关联，并将事件按时间顺序排列起来，就构成了事件时序图，如图 5-2 运载火箭飞行时序示意图。时间是不可逆的共识量，在时间轴上清晰反映了系统中事件的前后，前一事件的输出就可能是后续事件的输入，事件随时间发生、变化和结束。时序图清晰地反映了系统随时间变化的全过程。

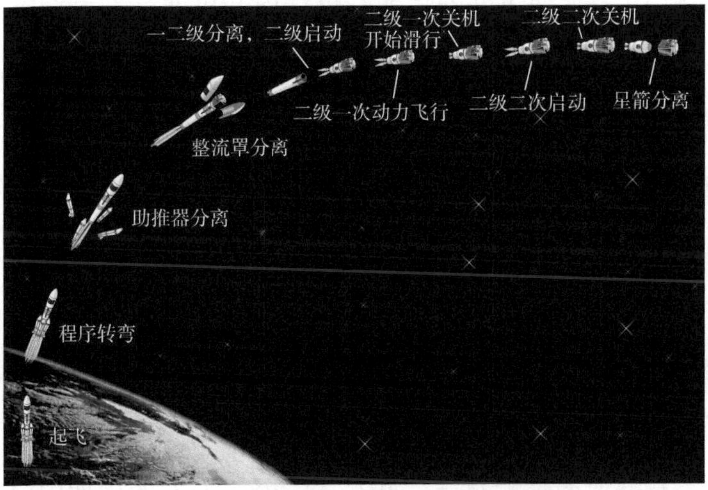

图 5-2　运载火箭飞行时序示意图

时序图提供了以时间为基准的系统时序协调图，其简单、易懂，是开展协调和设计的初始基线。在实际管理过程中，时序图也经常使用，如展示规划路径的方框图、计划管理中的甘特图等都是以时间为横轴，标明每个事件的先后次序和时间节点，并能表示全过程。

步骤三，分析事件间的输入与输出。毛泽东在《矛盾论》中讲：“唯物辩证法认为外因是变化的条件，内因是变化的根据，外因通过内因而起作用。”这是分析事件变化的基本规律，要分析内因的变化需要哪些外在的因素，分析外因变化对内因的影响以及所产生的变化。事件不是孤立的，每个事件的启动、变化都是受外部环境影响的，同时事件的变化又影响外部环境，环境对事件的影响是环境中的某些因素通过某种途径输入事件中对其产生影响，事件对环境的影响是事件的输出影响于环境。在此，把事件受外部环境的影响和对环境的影响都分别反映在事件的输入与输出上，把通过外界传输到事件内并可能影响事件变化的因素统称为事件输入，把事件的结果和对外部环境的影响因素统称为事件输出。探究事件输入与事件输出的关系是研究事件内在规律性的一种方法，为便于输入、输出分析，可以将事件输入分为功能输入和干扰输入，将事件输出分为功能输出和附加输出。

功能输入是控制和维持事件按预期进行的输入，包括事件启动、事件过程维持与控制（含能源的供给）、事件终止等。事件的启动输入，是事件开始启动所需的外界条件。以鸡蛋孵小鸡为例，称为孵鸡事件，鸡蛋孵出小鸡需要受精卵鸡蛋、并在 28~30 天左右的周期内温度保持在 35~40 摄氏度之间和相应的湿度，才能孵出小鸡，这里受精卵鸡蛋和温度满足 35~40 摄氏度就是孵鸡事件的启动条件。

事件过程维持与控制输入，是维持事件按期望继续进行所需的外界保障条件，超出该条件范围，事件不能维持正常进行。事件维持与控制输入和启动输入条件可以相同，也可以有差别。在孵鸡事件中，保持鸡蛋温度在 35~40 摄氏度之间和相应的湿度，是孵鸡事件的过程维持与控制输入条件。

事件终止输入，是根据事件或系统进展情况而触发，通过控制输入量而使事件停止或减缓运行，通常包含三类情况：一是事件或系统到达期望的目标而正常终止；二是事件或系统为保障安全等原因而功能终止；三是事件因最低维持条件得不到保障而异常终止。每类终止都对应于相应的事件终止输入控制，比如，汽车到站是正常停止，要控制汽油量和缓慢刹车。若应急停车是功能停止，要立即停止汽油供给并紧急制动。若没油，停车是得不到保障的异常停止。

事件干扰输入，除事件功能输入外，其他的输入都可以称为干扰输入。干扰输入或多或少地影响事件，使事件进展偏离预期或使事件附加输出增加。事件干扰输入源于事件所处的环境，以及事件本身进展中所产生的输出。

功能输出，是期望事件要达到的结果，是从事件启动到事件结束全过程中按设计要求产生的输出，是系统中与之相关事件的功能输入，是完成系统目标所需事件具有的功能，是系统分析的主线和必不可少的。

附加输出，是事件过程中伴随功能产生的输出，通常是与功能输出相关而在系统中又不希望其发挥作用。在孵鸡事件中，所需要的结果是孵出小鸡，小鸡是功能输出，但伴随着孵鸡过程中有二氧化碳的排放、细菌的繁殖、水分的蒸发，以及小鸡啄破的鸡蛋壳这些都是孵鸡事件的附加输出。又如发动机，产生的推力是功能输出，同时发动机产生热、振动、噪声，甚至发动机重量等都是附加输出。事件的理想状态是只有功能输出没有附加输出，尽管现实中是难以到达的，但增大功能输出、减少附加输出是努力方向。例如，传统的白炽灯在发光时也发热而使效能降低，新一代的 LED 灯其发热大为降低，附加输出减少而电光效率提高。

事件输入与输出的关系，是事件本身规律性的外在反映，通过研究事件的输入与输出关系可以了解事件本身的规律性，掌握事件的规律性，可以通过控制事件的输入以期获得希望的事件结果。在工程中，事件的输入输出关系相对稳定，事件按相对固定的规律运行。在管理事件中，涉及人的心理、偏好、信息获取程度等等，事件输入输出关系更加复杂，其规律性与法治化程度相关，法治化强，规律性就相对稳定，法治化弱，规律性就易变，输入输出呈现概率性。复杂长周期系统是多种规律性组合叠加起作用，把系统分解成事件，使事件的规律性相对简化，认识事件规律、把握规律、运用规律进行全局系统分析，把看似无序的复杂系统，分解为有序的事件集，从中寻找出主线，形成系统主序。

事件输入输出的传输途径，是事件之间的联系方式和传递路径。万事万物间都是有联系的，但其联系方式有的是人们已知的，也有很多是人们未知的，有的是单一传输途径，有的是多途径传输。分析事件输入输出传输途径要清晰地知道事件输入输出是何时产生何时结束、是什么样的形式、是从哪里来到哪里去、有多少路径、路径的衰减如何等。事件输入输出也会在事件本身内部进行传输，在事件内部传输时对其内部也会产生影响，其影响可在该事件的子事件链中进行分析，在系统分析链中可以把单个事件作为一体考虑，仅分析事件受系统环境影响和对环境的影响。如在孵鸡事件中，已知热传递的三种方式：传导、对流、辐射，热量在鸡蛋内怎样传递可作为子事件的研究，在孵鸡事件分析中要考虑怎样维持鸡蛋周围温度均衡，减少热量通过三种途径对外传输。

分析事件输入与输出时，可运用逻辑符号把事件输入、事件输出表示出来，使其逻辑关系更加明显直观，便于系统链的分析。如图 5–3 所示孵鸡事件输入输出图，其中，实线箭头为功能输入、输出，虚线箭头为干扰输入、附加输出。

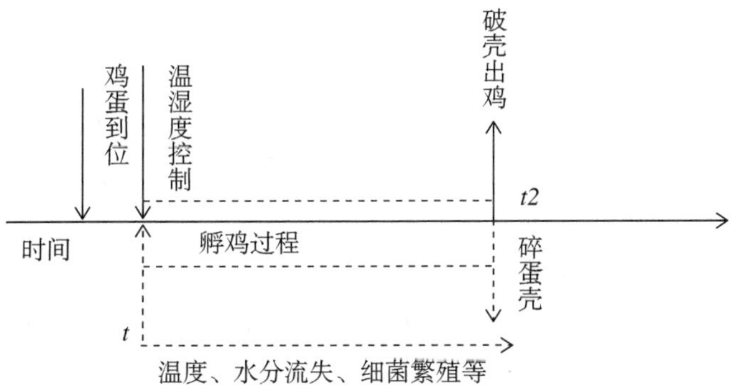

图 5–3　孵鸡事件输入输出图

步骤四，系统分析并链接事件间的逻辑关系。在步骤三的基础上，分析系统内事件与事件之间的逻辑关系，以及事件间的输入输出传输途径。事件间的关系是通过事件的输出与下一事件的输入相联系，每个事件输入都有来源，事件输出都有受体，按事件的因果关系，前一事件输出是后一事件的因，后一事件果（输出）是后续事件的因（输入）。后一事件的启动、过程维持与控制、终止等输入条件可以由一个或几个前一事件共同保障，前一事件的输出形式要与后一事件输入形式匹配（工程上称接口协调）。事件在运行中的输出会通过系统内环境反作用于同时运行中的其他和本体事件上，系统的内部环境是各事件输出并在系统中传输变化的集合，系统又存在于更大的外部环境中，外部环境也会通过系统干扰事件。事件系统链分析要以功能输入、功能输出为主线分析和构建事件与事件间的、事件与系统间的主要联系方式和传递途径，同时也不能忽略附加输出与干扰输入的传递途径。这是一项复杂的工作，要力求保障和加强功能输入输出传输途径，衰减或阻断干扰输入和附加输出传输途径，使事件间输入输出链接正确、全面、没有遗漏。

在系统分析时，首先分析系统的功能输入和功能输出，其功能输出是系统的期望目标值，围绕实现系统的功能输出进行逻辑分析和链接系统中的各事件。对有直接前因后果逻辑联系的事件，前一事件的功能输出应是后一事件的功能输入。在系统中，把各事件的功能输出与后续事件的输入按逻辑关系以及时间节点链接起来就构成了系统的功能链。

在系统的功能链基础上，进一步汇总每个事件的附加输出，事件的附加输出是系统环境中不能忽略的一部分，把系统中各事件功能输出、附加输出，以及系统外环境影响按其发生与存续的时间汇总在系统功能链上，构成系统内环境集合。系统内环境是非常复杂的，是众多输出以及传输途径的组合结果。尽管有时人们对事件附加输出量级、传输途径或传递函数不清楚，但一一标示出来提供系统内各相关事件进行分析，这是系统深化分析的基本内容之一。

知道事件所处的系统内环境，要进一步分析环境中的因素是通过什么途径输入事件，或是怎样干扰事件的启动、过程维持与控制、终止等输入条件，是否影响事件的输出，弄清途径与机理就可以采取针对性措施，保障事件能够适应环境，完成功能。比如机械设备采取减震器、阻尼器以减小振动的附加输出或衰落振动的输入，在电子线路中的削峰、滤波、散热等是要起到减少干扰或附加输出的作用。

在事件链系统分析中，若有若干事件同时运行时，要考虑同时运行事件的输出会成为环境因素而传递为彼此的输入，即使是单一事件在运行过程中的输出也可以通过自身或系统环境又转换为事件的输入。对事件的输入因素要一一辨识清楚，事件对哪些输入因素是最敏感的，对哪些输入因素是次敏感的，对哪些输入因素是不敏感的或可以忽略的，还要辨识清楚哪些输入因素能够有效地控制功能输出，或抑制附加输出，使附加输出最小、功能输出恰到其位。要从系统上辨识清楚事件输入输出的传输途径，保障功能输出可靠，尽量阻断或减少干扰传输。要围绕实现系统功能输出，系统优化事件构成、事件间的逻辑关系及输入输出传输途径，甚至改变事件的内在机理，使系统最简最优。

在上述分析的基础上，将系统中所有影响事件功能输出的各事件输入在时序图上表示出来，并把各事件的输出按起始作用时间在时序图上标识出来，并尽量量化、汇总各事件的附加输出，就构成了事件系统分析链。

步骤五，确认事件系统分析链。在步骤四的基础上，组织负责各事件的相关人员一起复核第一步到第四步，查找有无漏项，确认逻辑关系是否正确，确认各事件输入输出及传输途径，使相关人员对系统有清晰的认识。相关人员要清晰了解所负责事件在系统中的运行环境，要保障事件在系统环境中能够受功能输入控制完成功能输出，其附加输出不超指标，确保输出、输入接口的协调。相关人员要一同分析系统的关键、难点是什么，进行系统优化，均衡各事件的实现难易程度，保障功能输出，减小附加输出，提高系统成功概率。若系统中的事件不能完成系统所需的功能，或某个事件难度过大，也或附加输出大于功能输出时，需要从步骤二重新开始，重新谋划事件进行分析，直到满足目标要求。当事件系统链分析发现确有必要改变系统目标要求时，则要从步骤一重新开始，确认新目标要求后重新进行，最终在各事件负责人的认同下确定事件系统分析链。

事件系统分析保障链，是在事件系统分析链的基础上制定保障措施，要采取行动确保实际事件按系统链运行。

在探月工程中，航天系统曾强调 2 个 100%：设计复核复算 100%，保证设计正确；产品复查复验 100%，保证产品质量可靠。这与事件系统分析保障链属同一思路，保障链就是要保障实际事件是按设计进行的。在科研中的保障链，要求产品的质量达到设计要求，能够实现设计预期的结果。比如在航天型号中对一些关键单机采取了热冗余措施，并能自动判断、切换到正常单机上工作。航天产品单机间关键的电缆采用双点双线，保障输出与输入可靠连接，这是设计上的备份，提高设计可靠性，以备份确保事件的功能输出。与此同时，针对系统分析认识到的产品所在的环境条件，以及输入输出要求，在产品研制中要进行试验验证，模拟环境进行输入与功能输出的测试，检验系统及事件设计是否与实际吻合。产品在生产、测试、试验、验收等过程中的测量数据要记录、存档，并进行比对判断其质量是否达标及稳定性如何，对认知的关键点、可能影响事件功能输出的各种因素汇总成表，并一一制定具体保障措施，在研制工作中认真落实和检查，要保障产品不出质量问题，才能保障系统功能，对产品质量进行全面管理都属于保障链的内容。

同样在管理事件系统分析保障链上，为使策划的事件按预期发生，必须要采取约束性行动，要制定计划、落实责任人、对事件进展过程进行监控，并适时进行调节，以利于事件向预期的方向发展，使之能满足后续事件的启动条件。管理事件相对科研事件更易受环境影响，涉及人的事件，人是影响事件的重要因素，这更需要监控事件的实际进展和遇到的问题，采取应对措施促使事件按计划进行。另外，要随环境变化及时进行事件系统链分析，对后续事件进行动态调整，保证系统持续发展。

事件系统分析保障链是按照系统工程的思路形成的方法，把人们对系统的认识，以及思考、设计、协调、实践的过程记录和反映在纸面上，方便团队讨论和查漏补缺，是对系统全面认知的过程。一项设计或一个策划都是经过事件系统链分析的产物，这个过程通常是在头脑中进行的事件系统分析，若仅在头脑中分析而不一一罗列出来，难免会有疏忽的地方。按照事件系统分析保障链，将想到的各因素记录和图示出来，可以形成视觉上的提示，有利于系统优化，加深对系统的认知，可以减少漏项，提示和避免重复工作。在航天型号发射前要进行“双想”活动，要求参试人员进行回想和预想，回想研制过程中还有什么不放心的，预想可能会出现什么问题。而事件系统分析保障链就是“双想”的线索，基于事件系统分析保障链展开“双想”，并在“双想”中完善事件系统分析保障链，这样工作就越做越深入，避免反复的重复工作。

在管理中，也可以用事件系统分析保障链的方法进行战略策划、计划实施，以及建立工作流程。管理中的每个事件或流程中的每个环节都有输入和输出，管理的规律性体现在相同的输入就对应类同的输出结果，人们了解这个规律性并遵循这个规律性时，办事有章法，差错就能减少，效率就能提高。流程再造时运用事件系统分析保障链方法，分析哪些是共性输入可以合并成一次输入，减少环节，分析哪些输出无用或可被替代而取消事件，使流程优化。在管理中要按事件链及时监控，保障正确的事件输入输出，使系统正常运行。

5.2.4 管理中运用控制学的规律性

管理是为实现目的在约束下进行有规律性的行动，有规律性的约束行动就会形成一种环境氛围，可以说管理要营造一种有利于导向目的的环境氛围，在这环境氛围内使行为遵循秩序，符合氛围的行为获得支持，违反氛围的行为受到抵制，这与自动控制学原理有类同之处。

自动控制是指在没有人直接参与的情况下，利用外加的设备或装置，使机器、设备或生产过程（统称被控对象）的某个工作状态或参数自动地按照预定的规律运行。换句话讲，自动控制是通过控制装置操纵作业装置，使作业装置按照人们事先设定的规律运行。从管理的角度来看，是通过管理的约束行动约束作业行动，使作业行动按指令有规律性地完成目标，自动控制与管理具有异曲同工之妙。

在自动控制原理中，可以将控制系统分为两种基本形式：开环控制系统和闭环控制系统。开环控制系统是一种简单的控制方式，控制装置按输入量和某种规律输出调节控制量，作业装置按调节控制量进行作业输出。控制装置与作业装置间只有控制路线，不考虑作业装置的输出量会对控制装置产生影响，如图 5-4 开环控制系统。

在开环控制系统中，对于每一个输入量，都有一个与之对应的工作状态和输出量，系统的精度取决于装置的精度和调整量的特性。当作业装置结构或参数发生变化或受到干扰时，就会导致系统输出的不稳定，使输出值偏离预期值。开环控制系统犹如管理中只下达指令、而不检查指令的实际执行情况，结果取决于作业团队的执行力。

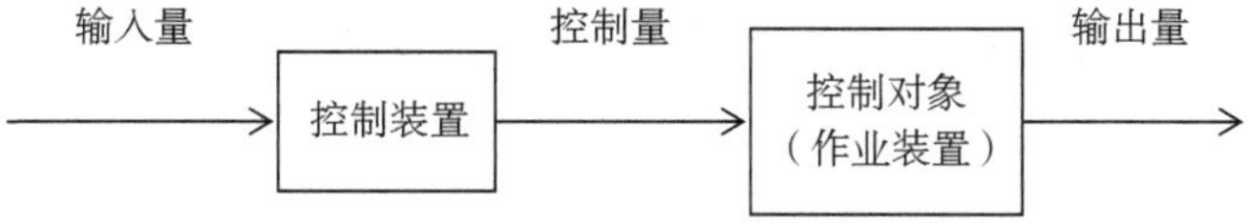

图 5-4　开环控制系统

闭环控制是在开环控制系统中增加反馈装置构成回路，从作业装置的输出量中取出信息，通过反馈装置送回到系统输入端与系统输入量一起合成为控制量，使输出量的信息参与控制。在闭环控制系统中，控制装置与作业装置间不仅有单向的控制路线，还有反馈装置连接的反馈路线，作业装置的输出量会对控制装置产生影响，形成闭环控制。如图 5-5 闭环控制系统，反馈装置构成了回路，控制装置是按输入量叠加反馈量进行控制，形成闭环控制。

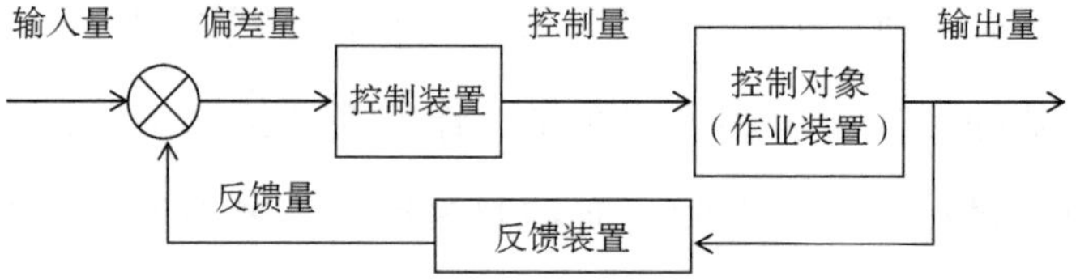

图 5-5　闭环控制系统

反馈的概念是控制中最重要的基本概念之一，反馈的特点是参照正在发生的情况来调整后续的行为。在闭环控制系统中，反馈又分为正反馈和负反馈，当反馈信号的极性与系统输入信号的极性相同时，称之为正反馈；当反馈信号的极性与系统输入信号的极性相反时，称之为负反馈。通常，正反馈起着增强系统输入信号的作用，有激励和放大作用；负反馈使系统输出与系统目标的误差减小，增强抗干扰能力，系统趋于稳定。

闭环控制是把输出信息引入到控制装置参与控制，具有检测偏差、纠正偏差的能力。闭环控制相对开环控制提高了系统的控制精度，提高了系统的抗干扰能力，增加了系统稳定性，并可以改善系统的动态性能。当然，闭环控制相对于开环控制更复杂，要增加器件，要正确地选择反馈，如果引入不适当的反馈，或者参数选择不恰当，不仅达不到改善系统性能的目的，甚至会使系统不能稳定工作。

开环控制和闭环控制在平常生活中都能遇到，比如弹簧式自动断水的自来水阀门，就是一种开环控制，按压阀门后自来水流出，当到达设定的时间，阀门就能自动关闭，但不能精确地控制流出水量的多少。抽水马桶则是闭环控制，水箱中的浮漂构成反馈回路，当水满时水箱阀门自动关闭。当然，在复杂的机构控制中是由若干镶嵌在一起的闭环控制组成系统控制。在前面一节事件系统分析保障链时提到，事件输入包含功能输入和干扰输入，干扰输入可能随机影响事件的功能输出，在系统设计时从功能输出中引出分量加入控制量中使之正好抵消干扰输入的影响，就构成了闭环控制系统，闭环控制系统时刻关注输出量，并依据输出量调节输入量，使系统按要求稳定工作。

在自动控制中，无论是开环控制还是闭环控制，人们都可以探索装置的传递函数，进行量化设计，使装置按照人们设计的某些规律建立相对稳定的传递函数，实现自动控制。

管理实际上也是闭环控制，管理是以过程进展信息（结果）为反馈的闭环控制，输入量是目标要求，决策行动要依据目标要求与实际情况（含结果信息）输出指令（结论），作业行动依据指令进行输出的是结果，执行约束行动要检查作业行动获取结果信息，将结果信息与输入目标要求比较生成带有反馈信息的新指令。如图 5-6 管理闭环控制所示，闭环管理要求管理者及时检查实际进展，要了解实际信息，对有利于实现目标的要鼓励支持，对偏离目标要求的要及时纠正，避免产生不可挽回的错误结果和重大损失。

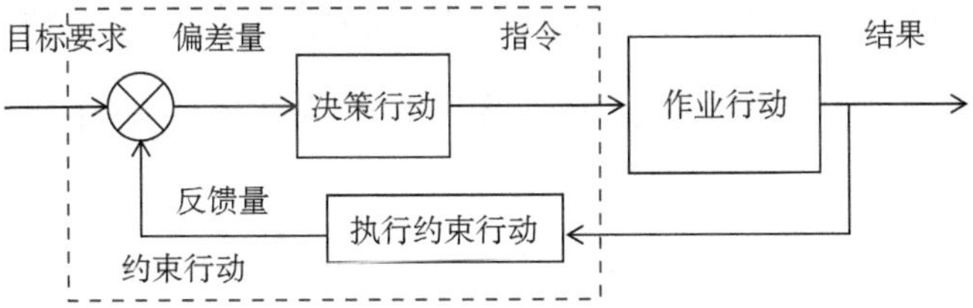

图 5-6　管理闭环控制

管理涉及的因素众多，管理控制的传递函数又不确定，其规律性镶嵌在一起不易显现出来，是一个复杂系统。但可以把全程管理分解为若干小过程，在小过程中借鉴自动控制原理，利用关键因素构成信息反馈回路，构建小的闭环管理。泰勒的“差别工资制”计件工资制度，就类同于一个小的闭环控制，工人每生产出一件合格品就知道多获得了多少收入，建立了以收入为工人工作量的正反馈闭环管理，调动起工人积极性，实现了自主控制。在小的闭环管理中，周期短、关键因素相对减少，易于建立小闭环内的管理规律性，使成员掌握和遵循其规律性，就能自主管理。大系统、全过程的科学管理也是基于每个小闭环管理的基础，在彰显导向的规律性和事件系统分析保障链中都用到了这种细分步骤，形成小闭环控制的思路。

学习自动控制知识，运用自动控制原理，结合具体实际建立有规律性的闭环管理，使人们认知、掌握该闭环管理的规律性，就有利于提高效率，实现自主管理。自动控制技术仍在快速发展，结合监控等信息获取技术、大数据处理技术、智能技术等自动控制应用的领域越来越广泛，智能化程度越来越高。同样在科学管理中也需要这些技术，需要数据的量化分析，需要以过去、现在去判断未来，需要智能的辅助决策，管理中会产生大量信息，借鉴自动控制原理，科学分析、及时利用信息快速反馈，形成有效的闭环管理，彰显该环节的规律性，引导自我管理，形成有序的科学管理氛围。

5.3 规律性提高管理效率

掌握事件的规律性，就能根据事件的输入、事件的外部环境以及事件的外在表现来预测事件的发展变化，也可以通过改变事件的输入或环境条件影响事情的发展。管理者的水平来自对事件规律性的认识和对其环境的正确把握，体现在能够正确预估事件发展，提前采取应对措施，以及能从系统上分析、维持或建立有规律性的管理氛围。

在中国漫长的历史长河中出现过很多圣人，这些圣人们的共同点就是探索和运用规律性，为历史发展作出了贡献，留下了很多经典的案例。在《吕氏春秋》中记载了“子贡赎人”和“子路受牛”的故事：鲁国之法，鲁人为人臣妾于诸侯，有能赎之者，取其金于府。子贡赎鲁人于诸侯，来而让不取其金。孔子曰：“赐失之矣。自今以往，鲁人不赎人矣。取其金则无损于行，不取其金则不复赎人矣。”子路拯溺者，其人拜之以牛，子路受之。孔子曰：“鲁人必拯溺者矣。”

大意是讲：鲁国有一条法律，鲁国人在国外沦为奴隶，有人能把他们赎出来的，可以到国库中报销赎金。有一次，孔子的弟子子贡在国外赎了一个鲁国人，回国后拒绝收下国家补偿金。孔子说：“赐（子贡的名）呀，你欠之考虑。从今以后，鲁国人就不肯再替沦为奴隶的本国同胞赎身了。收了国家的补偿金，并不会损害你的品行；而你带头不拿回你抵付的钱，别人就不肯再赎人了。”子路救起一名落水者，那人送了一头牛感谢他，子路收下了。孔子说：“这下子鲁国人一定会勇于救落水者了。”

这是孔圣人的大智慧，子贡有钱，赎人而不收国家钱，其本身是高尚的，但这事开了头，其他赎人的人没钱或不好意思收国家的钱，也就不再主动去赎人了。夸张地讲，这是由一个高尚的行为破坏了已有的共赢规律性。而子路救落水者收牛，得到孔子的肯定，孔子没有把眼光只盯在具体事上，就事论事，而是探求大局的规律性，教育弟子们注重大局的良性循环，希望建立为善而有善报的规律性，这是希望营造大善的氛围。

在中学课本中，有篇文言文，《商鞅变法南门立木》，史称“徙木立信”，该典故出自司马迁著的《史记·商君列传》：令既具，未布，恐民之不信己，乃立三丈之木于国都市之南门，募民有能徙置北门者，予十金。民怪之，莫敢徙。复曰：“能徙者予五十金。”有一人徙之，辄予五十金，以明不欺。卒下令。

令行期年，秦民之国都言新令之不便者以千数。于是太子犯法。卫鞅曰：“法之不行自上犯之。太子，君嗣也，不可施刑。刑其傅公子虔，黥其师公孙贾。”明日，秦人皆趋令。行之十年，秦国道不拾遗，山无盗贼，民勇于公战，怯于私斗，乡邑大治。

大意讲商鞅起草了一个改革的法令，但是怕老百姓不信，不按照新法令去做。就先叫人在都城的南门竖了一根三丈高的木头，并贴出布告：“谁能把这根木头扛到北门去，就赏十两金子。”

大家感觉很奇怪，拿这根木头就能得十两赏金？害怕有诈，或当作玩笑，没有一个敢上去扛木头的。商鞅知道老百姓还不相信他下的命令，就把赏金提到五十两，终有大胆者愿意尝试，把木头搬到北门。

商鞅立刻赏给扛木头的人五十两黄金，并把新法令公布了出去，告知百姓按布告的新法令做就会得到官府的保护，否则就会受到惩罚。新法令得到实施后，秦国道不拾遗，山无盗贼，乡邑大治。

这篇文言文大多从商鞅变法和讲诚信方面进行解读，北宋王安石，也曾在诗中称赞商鞅“一言为重百金轻”，来比喻言出必行的重要性。换一个角度看，商鞅也是通过南门立木告知百姓一个规律，这个规律就是官府贴的告示是有效的，是可信的，按告示去做就能得到好处。南门立木能被历史记载下来，说明在当时一定是一件非常轰动的事，可以想象，当百姓得知到南门抬一根木头就能得五十两金的消息，就会到南门看看还有没有机会，当到南门看到新的布告，就不会再当成玩笑，增加了对布告的信任感。商鞅花五十两金做了人传人的广告，告知百姓一个规律性：要相信官府在门前贴的告示。商鞅南门立木花五十两金，诚信是前提，而建立的规律性其价值远远大于五十两金。

再以中国农村改革为例，1978 年 11 月，安徽省凤阳县小岗村十八户农民订立把土地分到户，实行包干到户的合同书，秘密地按下了十八个手印，它揭开了中国农村家庭联产承包责任制的序幕，成为中国农村改革的突破口。同年，党的十一届三中全会做出了实行改革开放的重大决策，中国开始实行对内改革、对外开放的政策。

1979 年 9 月，党的十一届四中全会通过了《关于加快农业发展若干问题的决定》，允许农民在国家的统一计划指导下，因时因地制宜，保障他们的经营自主权，发挥他们的生产积极性。

1980 年 9 月，中共中央下发《关于进一步加强和完善农业生产责任制的几个问题》，肯定了包产到户的社会主义性质。到 1983 年年初，农村家庭联产承包责任制在全国范围内全面推广。1978—1987 年，我国在农业上的投入与产出见表 5–1。

表 5-1　1978—1987 年，我国在农业上的投入与产出

年份	国家农业投入(亿元)	农业产值（亿元）	农村人均收入(元)	投入增长 %	产出增长 %	收入增长 %
1978		1117.50	134			
1979		1325.30	160		18.6%	19.4%
1980		1454.10	191		9.72%	19.4%
1981		1635.87	223		12.5%	16.8%
1982	150.5	1865.30	270		14.2%	21.1%
1983	150.9	2074.47	310	0.27%	11.2%	14.8%
1984	151.8	2380.15	355	0.6%	14.7%	14.5%
1985	152.7	2506.40	398	0.59%	5.3%	12.1%
1986	153.6	2771.75	424	0.59%	10.6%	6.5%
平均				0.51%	12.1%	15.6%
1987	184.2	3160.49	463	19.9%	14.%	9.2%
平均				4.39%	12.3%	14.9%

从已查到的数据来看，1982 年到 1986 年，国家在农业上的投入增长较少，1987 年农业投入有很大增长。统计 1978 年到 1986 年的国家农业投入、农业产值和农村人均收入，国家在农业上投入的年平均增长率约为 0.51%，农业产值年平均增长率约为 12.1%，农村人均收入年平均增长率约为 15.6%。改革开放以后，国家在农业投入上并没有大的增加，而农业产值和农村人均收入却开始大幅增加，农村开始出现“万元户”，当时城镇职工年收入仅几百元，随着农村的发展，城市的副食供应也得到了极大改善。在当年，分田包产到户“一包就灵”成为趋势，一包就灵仅是表面现象，实质是在当时的政治环境、市场环境和科技水平的外部条件下，分田包产到户调动了农民的积极性。包产之前是人民公社，机械很少，主要靠人力，农民给人民公社干活，公社记工分，年底按工分获得收入，有的人出工不出力，种什么公社说了算，农民个人

的付出不能和收入直接挂钩。分田包产到户，农民清楚地知道不出力干活自己的收成就少，出力干活收成就多的规律性，包产到户构成了以农户为单元的小闭环管理，直接体现多劳多得，调动了积极性就愿意按自己的特长、市场需求决策干什么，养鸡、养猪、养鱼等农副业迅速发展起来。分田包产到户是在当时较低的生产力和社会环境下，打破大锅饭，凸显多劳多得的规律性，从产出增长率与收入增长率的数据看，基本是同比增长，体现了共赢，调动了人们的积极性，带动了社会发展。

再举一成功建立规律性的法规案例。1999 年 12 月 9 日，公安部发布了《机动车驾驶员交通违章记分办法》，于 2000 年 3 月 1 日开始实施。在《机动车驾驶员交通违章记分办法（送审稿）》中说明："近年来，北京、上海、天津、重庆、南京、杭州、南昌、广东、广西等地陆续实行交通违章记分制度，通过违章记分约束机动车驾驶员严重违章或屡次违章行为，对驾驶员进行动态管理，进而增强其自觉守法意识。这一做法从一定意义上弥补了现行法规对一些严重违章行为的处罚未起到应有惩戒作用的不足，是一种较为有效的预防和减少交通违章行为发生的措施，在实践中取得了良好效果。交通违章记分 (或记点) 制度，在世界各地都实行得较为普遍，如美国、日本、德国、意大利、巴西和我国香港、台湾等都对机动车驾驶员实行记分制度。一般方法是在机动车驾驶员交通违章后，进行相应的分值记录，对累计达到一定分值的驾驶员进行吊扣驾驶证处罚或教育、考试等。"

关于记分周期和记分分值，规定一个记分周期为一年，一个周期内总分值为 12 分。这主要考虑，总分值过高不能体现法规的严肃性，不利于严格执法；分值过低，驾驶员很容易突破，会使驾驶员丧失自觉守法的信心，也体现不出记分制度对驾驶员的教育和警告作用。

违章处罚不是目的，仅是手段，目的是警示违章者，增强交通安全意识，减少交通事故，保障交通畅通。原先对违章只是罚款，罚款金额多了，驾驶员经济受不了，罚款金额少了，警示作用不强，并且交了罚款就完事了，很快就会忘记。而交通违章记分办法规定在罚款的同时累积违章的分值，不论驾驶员钱多钱少，都知道在一年内即使有小违章，但累积到 12 分也要重新进行道路交通法规与相关知识、场地驾驶及道路驾驶考试，甚至吊销驾照。严格按照《机动车驾驶员交通违章记分办法》实施，驾驶员了解并掌握了一年内不能超 12 分的规律性，驾驶就更加谨慎，达到了“较为有效地预防和减少交通违章行为发生”的初衷。

分析机动车驾驶员交通违章记分这个案例，一是记分科学，二是严格执行，使之从办法成为实际中的规律性，将交通安全的大管理分解到驾驶员年度小闭环 12 分的管理上，并及时反馈给驾驶员，形成了显现的、易于驾驶员掌握的规律性，提高了遵守交通规则的自觉性。

在百度故事网上有一个“微软的考勤智慧”的小故事。位于西雅图的微软公司研发中心，拥有 40 多名全球顶级的 IT 精英。这些精英每年为微软创造了大量的财富，公司也为他们提供了十分优厚的福利待遇。为了激发员工的创造力，微软公司给予这些员工充分的自由。在这里工作，兴致来了，你完全可以去打篮球，去健身房，去游泳池，去喝咖啡，甚至会有专门的按摩师给你按摩，如果是特殊人才，还有更多的优待。不过公司有一条规定：要按时上下班，可是，总是有人上班迟到。部门经理为此伤透了脑筋，并制定了严格的考勤奖惩制度。有一回，部门经理扣了一名叫莱特的软件工程师200美元的考勤奖。莱特大发雷霆，直接递交了辞呈。事情闹大了，连比尔·盖茨本人都被惊动了。部门经理做得没错，然而莱特又是办公自动化方面公司引进的特殊人才，比尔·盖茨只好亲自调解。最后返还了莱特200美元，这事才算了结。

莱特是留住了，但是迟到现象却更严重了，大有变本加厉之势。怎么办呢？

有一天，比尔·盖茨在草坪上散步时，无意中看到了公司的停车场。50个车位上停了40几辆车。而旁边，某些小公司的员工，因为停车位的不足，一些车子一直停到了远处的马路上。看到这里，比尔·盖茨灵光一闪，一个绝妙的好主意产生了。

第二天，比尔·盖茨就让部门经理将公司的停车位卖掉了10个，只剩下40个停车位。上午10点，就有员工不满地向部门经理反映没有停车位，车往哪里停？部门经理抱歉地说：停车位是租的，到期了，业主不愿续租，公司也没办法。

一个星期后，奇怪的事情发生了。研发中心的40多名员工再也没有迟到的了。因为一旦迟到，就意味着要把车停到马路上。如果迟到得厉害了，就连附近的马路上也没处停。有一回，一个拖沓的员工居然把车停在了1英里外的马路上。

从此，微软研发中心再也没有人迟到了。

这个小故事可以有很多解读，从每个员工的最直接感受讲是：来晚了就没有车位，就要到单位外停车交费，还要走路，凸显来晚了对自己带来不便和损失的规律性，并且停车要有车位是客观规律，没有通融办法，来晚了对自己的不利是即时体现，会使人知其原因，印象也会更加深刻。这个规律性是和自身利益密切相关的，也是共赢规律性和小闭环管理的应用，早来有车位对于微软公司和员工都有利，迟到了要交停车费、要走路，公司效率也受影响。来晚了没车位就要走路的小闭环管理中没有管理者的直接控制，但员工能立即感受到处罚的反馈，而形同自动控制。微软的考勤智慧是：利用客观规律形成小闭环自我控制，实现共赢。

再看一例，《冠军的智慧》出自《领导文萃》。1984 年，在东京国际马拉松邀请赛中，名不见经传的日本选手山田本一出人意料地夺得了世界冠军。当记者问他凭什么取得如此惊人的成绩时，他说：“凭智慧战胜对手。”

山田本一在他的自传中这样写道：“每次比赛之前，我都要乘车把比赛的路线仔细看一遍，并把沿途比较醒目的标志画下来。比如第一个标志是银行，第二个标志是一棵大树，第三个标志是一座红房子，这样一直画到赛程的终点。比赛开始后，我就以百米的速度奋力地向第一个目标冲去，等到达第一个目标后，我又以同样的速度向第二个目标冲去。40 多公里的赛程，就被我分解成这么几个小目标轻松地跑完了。

起初，我并不懂这样的道理，我把目标定在 40 多公里外终点线上的那面旗帜，结果我跑到十几公里的时候就疲惫不堪了，我被前面的那段遥远路程吓倒了。虽然我的做法看起来有些可笑，但它的确让我在比赛中受益匪浅。因为许多时候，我们不是因为失败而放弃，而是因为倦怠而失败。”

山田本一在马拉松比赛中运用目标分解细化规律性，将冠军的目标分解成对应每个特征坐标点的时间指标，在比赛中就能及时展示到达每个特征坐标点的达标情况，以每个特征坐标点构成小闭环控制，以超额完成小闭环作为激励自己的动力，这也是彰显效果规律性的具体应用。

彰显效果规律性对激励人们完成目标是非常有效的手段。大的目标通常意义大也吸引人，但其难度较大、周期较长，在实施中不能立显效果，当人们付出努力而看不到效果就容易丧失信心，放弃努力。而把大目标分解成若干小目标，虽然小目标没有大目标那样重要，但可以积少成多，每个小目标相对容易实现，而每完成一个小目标对人们都有激励作用，就会产生希望并采取行动去完成下一个小目标，量变到质变，最终完成大目标。

电玩游戏、扑克牌、麻将为什么使人上瘾，细细分析都是要克服一个个小困难，赢得一次次小胜利，而获得一场大胜利。在这小循环中，人们付出一点点努力就能立即得到游戏分值的增值，感受到成功的希望，获得某种满足感，乐而忘返。在电玩游戏、扑克牌、麻将中都有实时彰显效果的规律性，每一个操作要使游戏者做出简单的决策和行动，并能立即得到反馈，并出现新的剧目，使游戏者获取成功的希望更加强烈，进而持续游戏。这种彰显效果的规律性也是吸引大众持续游戏的重要因素之一。

分析这些游戏的共性是规则简单，游戏规则是最基本规律性的表述，大家遵守规则而形成游戏中的规律性。游戏规则简单，民众易懂，一教就会，容易上手。除了游戏规则这种最基本的规律性外，还有获胜技巧的规律性，掌握获胜技巧的规律性越多，获胜概率就越大。这些游戏的差异，除了规则不同，其获胜技巧规律性的难易程度也不同，也可以说是获胜的内在规律性难易程度不一样。如围棋，规则简单，而赢棋的规律性复杂，有金角、银边、草肚皮、生根、外势、大场、收官等等，下棋需要战略谋划，要下一番功夫才能学好围棋并赢棋。扑克牌、麻将，获胜的规律性相对简单容易一些。再对比统计一下围棋、桥牌、争上游、麻将的普及程度，获胜规律性简单的相对游戏人数多，获胜规律性复杂的相对游戏人数少，这里仅仅是定性分析，没有统计数据。以此说明，人们掌握了某事件的规律性，就愿意、也有能力参与该事件；当事件规律性不易被掌握，参与该事件就易受挫折，积极性就会受到打击，参与的人数就少。

在本书第四章的思考题中，曾问如何理解执行力，从规律性上分析：一是有没有明确的规律性，组织的规章制度、办事流程是否清晰，是否有效，对于例行的事件按流程办，就应能完成，否则不是执行力问题，是制度、流程、法治建设问题；二是组织中的导向规律性是什么，环境氛围是什么，是否能激励人们发挥主动性；三是执行者对事件的内在规律性是否掌握。用系统分析的方法，不是单一的执行力问题，涉及执行者内在动力、对事件规律性的掌握，涉及系统环境氛围和赋予执行者的权力。若对于例行事件仍以执行者的能力为主，则系统很可能偏向于以人治为主。

在第一章的思考题中，问外行能否领导内行，这是适合辩论的一个题目，题目本身就有歧义，界定不清。在本书开篇讲到探讨概念的三步，定义、适应范畴和算法，题目中的外行、内行定义是什么，掌握多少专业知识就不算外行，领导内行的定义是什么，是技术专业领域的专家，还是全局性的经营、对管理规律性把控的专家，这些都是要界定清楚的，或者说是可以展开辩论的。但高明的领导一定会重视规律性、努力掌握和运用相关的规律性，把握目的、营造有利于实现管理目的的氛围。这里的规律性不局限在技术专业方面，更要注重把握目的的能力和懂得调动人的积极性的规律性。此思考题是希望在思考方法上关注定义、适应范畴和算法，而规律性是算法的基础。

5.4 思考题

1. 愚公移山的故事出自《列子·汤问》。太行、王屋二山，方七百里，高万仞，本在冀州之南，河阳之北。北山愚公者，年且九十，面山而居。惩山北之塞，出入之迂也。聚室而谋曰："吾与汝毕力平险，指通豫南，达于汉阴，可乎？"杂然相许。其妻献疑曰："以君之力，曾不能损魁父之丘，如太行、王屋何？且焉置土石？"杂曰："投诸渤海之尾，隐土之北。"遂率子孙荷担者三夫，叩石垦壤，箕畚运于渤海之尾。邻人京城氏之孀妻有遗男，始龀，跳往助之。寒暑易节，始一反焉。

河曲智叟笑而止之曰："甚矣，汝之不惠！以残年余力，曾不能毁山之一毛，其如土石何？"北山愚公长息曰："汝心之固，固不可彻，曾不若孀妻弱子。虽我之死，有子存焉；子又生孙，孙又生子；子又有子，子又有孙；子子孙孙无穷匮也，而山不加增，何苦而不平？"河曲智叟亡以应。

操蛇之神闻之，惧其不已也，告之于帝。帝感其诚，命夸娥氏二子负二山，一厝朔东，一厝雍南。自此，冀之南，汉之阴，无陇断焉。

大意讲：太行、王屋两座山，在冀州南边，黄河北岸的北边。北山下面有个名叫愚公的人，年纪快到90岁了，他苦于山区北部的阻塞，出来进去都要绕道，就召集全家人商量说："我跟你们尽力挖平险峻的大山，使道路一直通到豫州南部，到达汉水南岸，好吗？"大家纷纷表示赞同。他的妻子提出疑问说："凭你的力气，连魁父这座小山都不能削平，能把太行、王屋怎么样呢？再说，往哪儿搁挖下来的土和石头？"众人说："把它扔到渤海的边上，隐土的北边。"于是愚公率领儿孙中能挑担子的三个人上了山，凿石头，挖土，用箕畚运到渤海边上。邻居京城氏的寡妇有个孤儿，刚七八岁，蹦蹦跳跳地去帮助他。冬夏换季，才能往返一次。

河曲的智叟讥笑愚公，北山愚公长叹说："你的思想真顽固，顽固得没法开窍，连孤儿寡妇都比不上。即使我死了，还有儿子在呀；儿子又生孙子，孙子又生儿子；儿子又有儿子，儿子又有孙子；子子孙孙无穷无尽，可是山却不会增高加大，还怕挖不平吗？"河曲智叟无话可答。

愚公的诚心感动了神仙，背走了那两座山，从此，冀州的南部直到汉水南岸，没有高山阻隔了。

借愚公移山故事，分析愚公的目的是什么？目标是什么？目标是怎样分解的？如果你面临愚公的问题又会怎样做？

2. 在生活、工作中有哪些是闭环控制的例子？反馈回路是怎样形成的？感悟棋、牌或电子游戏吸引人的规律性，思考能否将其规律性的原理运用于实践中。

第六章
管理发展趋势

管理和人类社会共存，可以说人类的发展史就是一部管理发展史。管理随社会发展而发展，同时科学的管理又促进社会发展，社会中的组织因科学管理而快速发展，或因失于科学管理而落伍和陨灭，社会在这些组织的优胜劣汰循环中不断向前发展，科学的管理也随之进步。

科学管理发展的趋势是本章探讨的内容。了解发展趋势，有利于把握主动，随其趋势改进管理，以求少走弯路，赢得先机，以利激发创造力，提升效率，快速发展。管理的发展趋势受社会环境的影响，同时管理的发展在提升组织效率的基础上，以量变到质变的过程促进社会发展。探讨管理发展趋势，可以史为鉴，结合历史当时的生态环境、科技发展水平，以及人们面临的问题和认知水平探究其因果，也要结合当今社会面临的问题和科技发展的方向探讨管理发展趋势，这是一个大课题。本章仅从管理的目的性、约束性、行动性和规律性上探讨管理发展趋势。

6.1 从人类社会发展看管理的目的

目的是管理的核心，管理是在约束下围绕目的的行动；约束凝练了管理中的规律性，并以约束指导行动；行动在约束中进行，并以行动形成管理中的实际规律性；规律性激励行动提升效率，并以科学的规律指导建立管理约束。管理围绕目的在约束性、行动性和规律性的循环中不断发展，如图 6–1 围绕目的的管理所示。

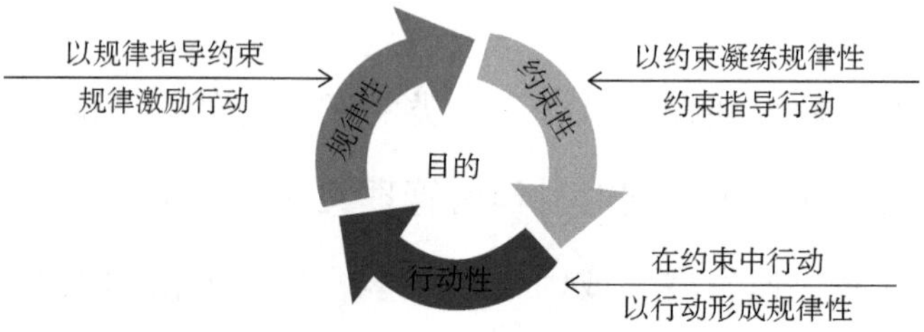

图 6–1 围绕目的的管理

马克思、恩格斯认为，生产力的发展是人类社会发展的最终决定力量；生产力和生产关系、经济基础和上层建筑的矛盾运动，是社会发展的根本动力。

在人类发展过程中，管理与人类社会共同演进发展，并通过管理不断地调整生产力和生产关系、经济基础和上层建筑的关系，促进了生产力发展，生产力的发展使人类维续生存并向更美好的生活发展。

原始人类没有獠牙利爪，为生存必须聚集在一起狩猎，那时原始人的意识很简单，为了能有效狩猎，进化出了用于狩猎的交流语言，协调狩猎，产生了最原始的管理，而这种管理促进了生产力的发展，使狩猎收获增强。随着狩猎经验的积累，更需要技能、计谋的交流，语言的扩展，人的意识也在增强，学会了计数，产生了文字，也产生了更强的氏族意识和自我意识。为了氏族和自身更好地生存，管理开始复杂起来，不仅仅狩猎，还要分配，要保护领地，要扩充地域才能满足不断扩大的氏族生存，由此带来的战争是不可避免的，战争淘汰了管理落后、发展速度慢的氏族，逐渐形成部落、领地，产生了管辖的概念。

当狩猎不能满足部落的需求时，为了更好地保障生存，古人从狩猎采集向农业为主发展，大约在公元前 9500 年—公元前 8500 年开始了人类生活方式的农业革命。农业社会是以家庭生产为主体的生产体系，虽然是一家一户的散点分布，但又归属于某个群体，服从于某个阶层的管辖，产生了阶级和上层建筑，形成了国家。国家的管理目的是保证国家存续和统治者利益，管理的范围也进一步扩大，要维护社会秩序、保证国家安全、分区分工治理、保障税收等，当然只有促进生产力的发展，国家才能发展。与此同时，贸易和文化的传播也在发展，中国古代的丝绸之路、郑和下西洋等活动开拓和促进了地域贸易，孔子办学宣扬以仁为核心的道德学说扩大了文化传播范围，开阔了人们的眼界，人们的意识更加活跃。统治者需要能人管理国家，善管者促进国家发展。

随着农业的发展，人们可以专职从事非农业作业而生存，小的手工工场发展起来。在 18 世纪，人类社会进入工业社会，工业革命使工厂制造代替了手工工场，用机器代替了手工劳动，生产力得到进一步解放和发展。生产力的发展、生活的改善，使人们有精力、有财力去探索更多的领域，世界的格局也随着工业革命而改变，率先完成了工业革命的英国，很快成为世界霸主。资本主义国家靠着坚船利炮征服世界，他们所属的地域极大扩张，其目的依然是获取更多的自身利益，从远古、农业社会和工业社会早期，土地和资源是最大利益所在，争夺土地与资源的目的是为其国家和民族的生存与发展。

随着工业革命的进行，蒸汽机、电力等大规模应用，通信工具的发明、化工业的发展，使工业生产规模越来越大。管理从政府的管辖向工业科学管理发展，管理理论随之发展，管理水平的提高又促进了科学技术的发展，原子能技术、电子计算机技术、航空航天技术、信息网络技术、生命科学等得到快速发展和应用。科学技术的进步使社会生产力得到极大发展，人们能够更容易和更经济地获得商品及服务，生活更加多样化。但与此同时，也造成了巨大的能源、资源消耗，付出了巨大的环境代价和生态成本，急剧地扩大了人与自然之间的矛盾，加大了各地区之间的发展不平衡。进入21世纪，人类面临空前的全球能源与资源危机、全球生态与环境危机、全球气候变化危机的多重挑战。

工业与科技革命是人类文明史上又一次重大飞跃，人类可以上天登月，可以入海深潜，可以远望宇宙的边缘，可以近观原子世界，科技革命正在不知不觉中改变着人们的传统思维模式。在农业上向机械化、专业化发展，有专业的育种公司、收割公司、销售公司，也用转基因作物来提高产量；在工业领域，向机器人、智能化发展，满足个性需求；在科技领域，投入越来越多，高端科技人才以创新为荣；在金融领域，可以筹集各方面的大量资金支持创新和发展，并获得价值；在服务领域，可以不出家门而享受服务；在宣传领域，可以很容易地通过网络将观点传播到世界。科技的发展、生产力的提高，使人们在满足本区域甚至本国的需求外，继续向外扩张，扩大其经济利益。人们可以在国外设厂进行生产，用最低的成本获得最大的回报。世界各国的交流更加频繁，并逐渐形成一个全球化的国际政治、经济、金融、网络体系，世界各个国家和地区都被卷入全球化进程之中，世界政治经济格局进一步确立，管理的领域已扩展到全球，已开始从全世界的大系统视角思考管理问题。

回顾历史，原始人类为了氏族的生存进行狩猎，而今，人们为了生存世界的多样化要保护濒临灭绝的动物；农业社会，人们为了部落的生存，开垦土地，而今，人们为了美好的生活环境，进行植树造林，甚至退耕还林；工业社会早期，人们为了国家民族的生存发展，争抢自然资源，而今，人类为了长久的美好生活和持续发展，开始约束自身行为，减少碳排放、降低污染、保护自然环境。这是人们对客观世界认知进步的过程，更是人类希望长久幸福生活的本质追求。

从古至今，管理的目的可以是多样的，但当其主旨目的是为了国家兴盛、满足人民生存和人民幸福生活的需求，就要发展生产力，国家才能发展。当然，管理层也有自己的目的，只要不与人民的生存冲突，就可以在管理中共存，实现共赢。但凡与此背道而驰，或管理层利益高于国家利益的早晚都会被历史淘汰。伴随着科技的进步、生产力的发展，人们解决温饱生存问题后，需求更加多样化，需要探索未知，不断地希望比现有的更美好，希望长生不老，像神一样无所不能。人们亦用系统的思维去思考问题，认识到要在人与自然、人与社会、人与人的和谐共处中谋求发展，已从人类与地球的大系统思考管理。管理的领域越来越宽，系统思考的因素越来越多，但主流目的依然是满足人类生存和人民需求不断增长的幸福生活要求，要发展生产力。生产力发展、科技发展又促进人的需求拉高，管理就要适应和保证这个增长的循环。

在 19 世纪，马克思和恩格斯构建了人类共产主义的宏伟愿景，在共产主义社会，人从一出生就平等地享受教育、医疗等社会福利，丰富的物质让人们摆脱了对物质第一追求的境界，各尽所能，各取所需，人类社会的意识形态得以空前的提高，人类意识进入了高级阶段。人类追求长久美好生活的目的，马克思和恩格斯用共产主义愿景给形象地描绘了出来，在共产主义社会，或许绝大多数人都建立了全人类的意识，能站在全人类的角度思考问题，个人的财富已不是激励人们前进的主要动力，是完全自觉地创造历史，是人类从必然王国进入自由王国的飞跃。马克思主义学说标志着人们开始以历史发展的角度研究全人类的发展方向与目的。

思想意识统一是非常重要的，意识的统一并不是说人们的意识一模一样，而是在某个点或某个方面达成共识。意识的统一是办大事的基础，是人们对事件目的的认同，而愿意共同努力。在《圣经・旧约・创世纪》第 11 章中有个修建巴别塔的故事。大洪水之劫后，天上出现了第一道彩虹，上帝以彩虹与地上的人类定下约定，不再用大洪水毁灭大地。此后，天下人都讲一样的语言，都有一样的口音。有一天，人们质疑，没有必要把人类的将来和子孙的前途寄托于上帝的彩虹。于是人类同心协力，联合起来建造一座塔，要塔顶通天，免得人类分散在地上，遭洪水荼毒。上帝不喜欢人类怀疑自己，如果人类真的修成宏伟的通天塔，那以后还有什么事干不成呢。为了阻止人类的计划，他悄悄地来到人间，区分了人类的语言，让人类说不同的语言，使人类相互之间不能沟通，因此，巴别塔的建造半途而废了。

可以从不同的角度解读《圣经》里的这个故事，这里借故事中人类同心协力联合建塔来说明人们是期望美好生活的，期望子孙有更好的前途，而在美好生活的共同目的下，能够协调人们共同努力。反之“区分了人类的语言，让人类说不同的语言，使人类相互之间不能沟通”，达不成共识，目的不清，巴别塔的建造半途而废了。

人类在某个意识点上得到共识也是不容易的。中国在公元前221年，秦始皇统一中国后强行推行书同文、车同轨、统一钱币、统一度量衡，在促进国家经济发展的同时，也要保障国家文化、国家意识的统一。欧洲统一货币，从1957年《罗马条约》开始反反复复协调，达成共识后，形成欧盟共同体，在货币管理上形成跨越国家之上的统一模式，欧盟相关国家的人们在意识上认同货币统一有利于他们的生活，政府认同货币统一有利于国家发展，终于在2002年欧元正式流通。2020年年初，新冠病毒全球流行，中国的大多数民众认为人人戴口罩是一种防范病毒传播和保护自己的有效行为，而在另一些国家，有些人却把戴口罩上升到限制个人自由的高度而抵制戴口罩，是意识的不认同而产生行为的抵触，这与社会环境、媒体宣传和社会管理密切相关。人们的意识趋向认同管理领域内的主要目的，才能在该领域形成相对稳定的管理。

人类追求长久生存、美好生活的目的，似乎对个体人短短的一生没有直接影响，人们更容易感受到财富带给生活的满足，以至于不断地追求物质财富。人类在发展中创造了财富，产生了经济价值，所谓经济价值仅是人类发展中的一种度量单位，一种激励的砝码，是人类社会发展中形成的一种成功的管理砝码。国家管理者则必须要考虑国家发展和国民的幸福生活，要以价值增值的方式鼓励发展生产力，发展生产力有利于提高国民生活水平，对有利于国民幸福生活、国家发展的行为使之价值增值，对妨碍国民幸福生活、国家发展的价值增值行为应当制止。放其发展就会害民误国，诸如生产有毒有害的食品，不加处理排放有害物污染环境等都应被限制。人类追求长久生存、美好生活的发展，是个体愿望中追求长寿、幸福生活、子孙满堂、人生有成就的最大共性集，并且会被越来越多的人认知和认同，人们已从身边保护环境做起。管理的目的可以多种多样，但不能违背人类追求长久美好生活的意愿，要有利于科技、人文、生产力的发展，有利于保护环境，有利于民众。人类命运共同体、人类与地球生态共同体是全人类与地球大系统思维的产物，会得到越来越多人的认同。

6.2 从社会发展看约束的趋势

管理受外部环境的约束，也要为实现管理的目的建立内部的约束，约束源于客观条件、客观规律、历史传承、学习借鉴、科学研究、经验累积，等等。约束是外在条件，约束使行动驶向目的。

远古狩猎时代，古人从狩猎中获得经验或做法成为习惯方式，遵循习惯就成为一种约束，个人违反约束没有监控，其损害相对限制在个人范围内，或受皮肉伤、或丧命，对氏族和自然伤害很小。若氏族的习惯方式不好，就难以生存，在人类的进化中将被逐渐淘汰。

在农业社会，人们要遵循农业节气进行种植，若违背自然规律之约束，就可能颗粒无收；要遵循国家的约束，交粮纳税，要遵守社会治安的约束，违背约束伤害到别人就可能受到处罚，由于监督能力很弱，通常是民不告、官不究；远古传承下来的思想及教育，诸如孔子游学、仁智礼仪信，成为中国的道德观；随着经济的发展、思想的活跃，人们逐渐思考人类的来源和未来，从而形成了科学与宗教。

到了工业社会，生产力快速发展，必须协调动作才能高效完成生产，在生产中要建立动作的约束并且监督，约束被强化。科学的约束又促进生产力的发展，也促进了教育、社会的发展和上层建筑的改革。工业社会的发展需要人们认知更多的规律，当人们手中有了望远镜、显微镜等利器，视野被大大扩展了，对客观规律的认知水平、认知速率和普及速度快速提升。

20 世纪，科学技术突飞猛进：1900 年，德国物理学家普朗克提出量子论，导致 20 世纪产生了物理学的一场革命；1903 年，齐奥尔科夫斯基公式奠基了火箭理论；1903 年，美国莱特兄弟驾驶着自己设计制造的飞机冲向碧蓝的天空，这是人类航空史上首次自主操纵飞行；1904 年，世界上第一只电子管在英国物理学家弗莱明的手下诞生，标志着人类从此进入电子时代；1905 年 6 月，年仅 26 岁的爱因斯坦发表了有关狭义相对论的论文，提出了认知宇宙的新理论；1921 年，挪威气象学家向世人公布了大气环流图案，从而揭示出地球上空大气运动的规律；1928 年，青霉素问世，开创了医学新纪元；1931 年，世界上第一条微波通信线路在英国多佛和法国加莱之间建起；1931 年，德国科学家制成世界上第一台电子显微镜，这是“人类的第三只眼”；1932 年，美国专家研制出第一台有效的心脏起搏器，使很多心脏病人得以起死回生；1932 年，世界上第一条高速公路在德国建成；1935 年，第一个实用雷达装置发明成功；1936 年，年仅 24 岁的图灵发表了奠定计算机和人工智能基础的论文；1937 年，世界上第一架射电望远镜在英国建成；1942 年，在意大利科学家费米领导下设计和建造的第一座核反应堆成功运行，这标志着原子能时代的开启； 1945 年，世界上第一颗原子弹在美国新墨西哥州爆炸；1946 年 2 月 15 日，美国宾夕法尼亚大学的科学家建造了世界上第一台多用途电子数字计算机，标志着计算机时代的开始；1953 年，生物学家沃森和克里克发现了生命遗传的基因物质——DNA 的双螺旋结构模型；1957 年 10 月 4 日，苏联发射了世界上第一颗人造地球卫星，人类进入太空时代；1961 年 4 月 12 日，苏联宇航员加加林成为世界上第一个进入太空的人；1997 年 5 月 11 日，在历时 9 天的比赛中，IBM 超级计算机“深蓝”以两胜、三平、一负的成绩，战胜国际象棋大师卡斯帕罗夫，这次人机大战在世界引起了不同凡响；1998 年 11 月 20 日，俄罗斯质子 –K 火箭载着国际空间站的第一个组件曙光号功能货物舱顺利升空，进入预定轨道，标志着国际空间站建设正式开始。

从望远镜、显微镜到射电望远镜、能看到原子的电子显微镜、发射到太空的空间望远镜，从蒸汽机到汽车、飞机、火箭，从电报到电话、全球互联网、5G、地球卫星网，从青霉素到基因检测、克隆羊、脑接口技术，从百货商场到超市、网上购物、快递等等，日新月异的科学发现和技术发明，改变了人类对客观世界的认识，极大扩张和改变了人们的生产方式、生活方式和经济结构，使人类从自己视力、脚力和速度所及范围的认知，开始进入原子、宇宙及光速范畴。科学技术已成为第一生产力，促进人类快速发展，人们在认知客观规律的同时也要遵循规律，为了发展需要，更大范围地进行协作，也需要更加具体细致地规范人们的行为，建立与发展相匹配的约束，诸如在交通上要遵守交通规则约束，操作设备要进行培训或按使用说明书约束要求，要分类处理垃圾等。

科技发展日新月异，在给人类带来光明前景的同时，也带来了不容忽视的危机和隐患。在冷兵器时代，战争仅仅威胁部落的生存，在热武器发展后，战争规模更加扩大，短短的 100 多年，人类经历了两次世界大战，人员的死伤、设施的毁灭更为惨烈。以前的战争需要大量人员到一线参战，而现代核导弹仅需少数人操控，核导弹失控所造成的危害难以估量，甚至能毁灭人类。人类大力发展生物化学，其在造福人类的同时，也产生了潜在的病毒风险；转基因技术在使农作物增产的同时，也有可能造成人类基因的未知改变。科技的进步在方便人类生活、工作和节省资源的同时，人类活动的扩张、欲望的上涨又加剧了能源消耗。人类生存所需资源能否无限地保障？人类是否会被自己产生的垃圾埋葬？人工智能的发展在服务人们的同时是否会危及人类？基因技术、脑接口技术能否产生超人？超人的产生是否会奴役人类？这些问题看起来是杞人忧天，但科技的快速发展使人们在还没认清新科技产生的弊端时，其技术已在应用、普及，更新的科技又继续产生。这里不是反对发展科技，而是提示和强调科技发展的同时更需要加强约束，强调约束的重要性。

工业社会以前，科技发展较为平缓，人们可以慢慢地磨合与之适应，而今科技高速发展，人们还没有全面认知其影响的时候，其影响已经随之而来。诸如，在环境保护上，工业革命前人类活动范围及频度较小、能源消耗少、污染少，通过自然环境的自我修复可以维持基本平衡。在工业革命以后，人类活动的范围和频度加大，对地球的索取越来越多，需要大量的煤炭、石油、矿物，消耗更多的食物、生活用品和装饰品，为满足需求，种植粮食要用化肥、农药，养殖牲畜要添加生物制品追求高产。科技发展在方便人类生活、工作的同时，也产生了更多的垃圾。从海底的人造垃圾到海洋中形成的垃圾岛，从地面到高山，甚至太空都有人类活动产生的垃圾，大量和高速产出的垃圾已难以靠大自然的自我净化维持平衡。排放到大气中的二氧化碳加速了地球温度的上升，南极、北极的冰盖融化加速；化肥的滥用，工业有毒废水、生活污水的随意排放，河流受到污染，人们赖以生存的自然环境受到破坏，野生动物的数量和种类在急剧减少。据联合国 2005 年 3 月公布的一份研究报告称，过去 50 年间，世界人口的持续增长和经济活动的不断扩展给地球生态系统造成了巨大的压力。人类活动已给地球上 60% 的草地、森林、农耕地、河流和湖泊带来了消极影响。近几十年来，地球上五分之一的珊瑚和三分之一的红树林遭到破坏，动物和植物多样性迅速降低，三分之一的物种濒临灭绝。这种人为因素对整个人类社会生态构成的严峻挑战是从未有过的。

2017 年 10 月 18 日，习近平总书记在党的十九大报告中指出，“建设生态文明是中华民族永续发展的千年大计。必须树立和践行绿水青山就是金山银山的理念，坚持节约资源和保护环境的基本国策，像对待生命一样对待生态环境，统筹山水林田湖草系统治理，实行最严格的生态环境保护制度，形成绿色发展方式和生活方式。”中共中央办公厅、国务院办公厅印发了《关于全面推行河长制的意见》，要求由各级党政主要负责人担任本管辖地区的“河长”，负责辖区内河流的污染治理，保证河流河清水洁、岸绿鱼游的良好生态环境，通过河长制建立健全河湖管理保护监督考核和责任追究制度，实行生态环境损害责任终身追究制，对造成生态环境损害的，按照有关规定追究责任，落实了责任制、加强了对河湖保护的全面管理。

2019 年 1 月 31 日，上海市通过了《上海市生活垃圾管理条例》，自 2019 年 7 月 1 日起施行。2020 年 5 月 1 日，《北京市生活垃圾管理条例》正式实施，要求市、区城市管理部门负责生活垃圾管理工作的综合协调、统筹规划、督促指导和检查考核，对生活垃圾分类投放、收集、运输、处理和再生资源回收实施监督管理，单位和个人应当遵守国家和本市生活垃圾管理的规定，依法履行生活垃圾产生者的责任，减少生活垃圾产生，承担生活垃圾分类义务，并有权对违反生活垃圾管理的行为进行举报。上海市和北京市率先施行生活垃圾严格分类，是为保护环境规范市民的行为，市民意识到生活垃圾分类是利于自己和子孙的，虽然麻烦一些，但能够尽力去做。这些举措都是为人类长久美好生活而建立的条例、制度约束，市民认同而按约束执行。

在人类历史发展中，人类总是在发现问题，针对问题进行纠正、改进，循环前进。随着科技的快速发展，人类发现问题和纠正问题的速度是否能与科技发展速度相匹配。科技迅猛发展，人类认知的范围迅速扩张，对个人而言，其认知的仅是迅猛扩张范围中很小的一点，而越是尖端的领域，认知的人越少，如何防范差错带来大危害是科技高速发展时代人类面临的新问题。

通过历史与现今世界的发展看约束趋势：

一是人类对科学规律的认知越来越深入和广泛，也更加重视发现规律和利用规律进行科学约束系统发展。科技的发展助力于人类能看到视力所不及的范围，测量到人类感受不到的变化，尽管这仍是宇宙中的很小一部分，但也极大扩展了人类的感知范围，并且仍在急速扩张。人类已从视力可见的宏观世界，进入量子微观世界和恒星尺度宇宙观世界；人们已从靠脑力的计算，进入计算机可以无限扩张的云计算，可以把人的智慧赋予机器，在某一方面超越人的能力；人们已从脚力丈量世界，进入汽车、火车、飞机快捷方便地往返于世界各地，甚至乘火箭到近地太空、到月球；人们已从被动的感知自己和自然进化，进入主动探究自身，遗传基因学、脑科学快速发展，已在探索主动的自我改造。随着科技的迅猛发展，人类已学会利用科技手段研究科学规律，运用科学规律指导实践，新的理论、新的科技突破都会带来巨大利益。有句俗话："没有做不到，只有想不到。"这话有些绝对，但也能说明现今社会物质资源极大丰富，只要找到解决问题的规律就能做到。高等教育的普及、社会资源的保障、价值的激励使越来越多的人愿意去探索新的科学规律。

随着科技的发展，社会生产力大幅提高，物质、经济资源依然是管理的约束，但仍有大量社会资源愿意投向有市场的新创意，新创意都要有新的科学规律来支撑。知识的普及使人们懂得遵循科学规律办事就有可能提高效率并取得成功，违背科学规律办事就会失败。重视学习、研究和遵循科学规律，利用科技的成果和手段建立管理的约束，使之简明、科学、有效地调动人的积极性一同实现目的，是约束发展趋势之一。

二是管理所建立共同遵守的约束范围越来越大，已向全人类、全世界发展。人类对客观规律的认知越来越深入和广泛，知道万事万物间的联系，已不局限于就事论事，而运用系统分析的方法从全局全系统进行治理，建立系统的科学约束，在表现形式上就是管理的范围越来越大，跨国家、跨地区的全球化联合治理已经开始，在某些领域已建立了有裁决权的国际管理组织。比如，众所周知的联合国组织是在第二次世界大战后由主权国家组成的政府间国际组织，联合国的宗旨是：维护国际和平与安全；发展以尊重各国人民平等权利及自决原则为基础的友好关系；进行国际合作，以解决国际经济、社会、文化和人道主义性质的问题，并促进对全体人类的人权和基本自由的尊重。

又如，世界贸易组织（简称 WTO）是重要的国际经济组织之一，拥有 164 个成员国，成员贸易总额达到全球的 98%，在调解成员争端方面具有高于各国家的权威性。WTO 的宗旨是：扩大货物和服务的生产与贸易；坚持走可持续发展之路，促进各成员方对世界资源的最优利用、保护和维护环境；通过实质性削减关税等措施，建立一个完整的、更具活力的、持久的多边贸易体制等。世界贸易组织具有管理职能，负责对各成员国的贸易政策和法规进行监督和管理，定期评审，以保证其合法性，当成员国之间发生经济争执和冲突时，世界贸易组织负责裁决，等等。各国家加入 WTO 必须遵循其规定，就是要遵守 WTO 制定的约束，

WTO 具有一定的世界经济贸易管理职能，其范围是各成员国。

在某些领域，两个国家或相关国家之间达成协议，形成彼此的相互约束，如著名的《中导条约》。1987 年 12 月 8 日，美国总统里根和苏联领导人戈尔巴乔夫在华盛顿签署《美苏消除两国中程导弹和中短程导弹条约》，简称《中导条约》。《中导条约》禁止双方试验、生产和部署射程 500 ~ 5500 千米的陆基巡航导弹和弹道导弹，包括搭载常规与核弹头的导弹、导弹陆基发射器等。核导弹纯属是国与国之间对抗的武器，美苏两国核导弹数量足以毁灭人类几十次，尽管《中导条约》规定销毁的两国中短程导弹的数量只占它们拥有的全部核武器的 3% ~ 4%，并未触其根本，但《中导条约》的签订是对核战争威胁人类生存危机管控的开始。

除上面提到的联合国、WTO、《中导条约》外，还有欧洲联盟、非洲联盟、东南亚国际联盟、国际红十字会、世界卫生组织、世界气象组织，以及管理地球空间卫星频率和轨道的国际电信联盟等。据《国际组织年鉴》统计，20 世纪初，全球共有 200 多个国际组织，到 21 世纪初国际组织已超过 5.8 万个。无论是政府间国际组织，还是非政府国际组织，其共性点是：基于共同的特定目的，为实现该目的经协商建立条约，形成共同遵守的约束。尽管多国间签订协议困难重重，还有很多不完善、待深化改进的条款，但毕竟是人类发展的需要，人们开始尝试、探索在某些领域上进行跨国管理。

早在 14 世纪，思想家但丁就倡导成立“类统一体”“联合统一的世界各国”。随着工业发展、科技发展和贸易全球化，国家间的政治、经济、文化、社会等领域交流与合作越来越密切，必然涉及跨国间的协调、利益平衡、最佳途径等等，需要有关国家共同研究，制定共同遵守的约束。人们把世界比喻为“地球村”，人们的联系越来越密切，人文交流、文化传播都在潜移默化地影响着人们的意识，在某些方面也会逐渐形成趋同一致的意识约束。

随着人们活动领域的扩张，以及对系统认知的深入，人为建立的约束涵盖面越来越广并趋向全局系统优化。

三是管理所建立的约束越来越细致，涉及人的具体行为，并向量化和人性化发展。古人云：“不以善小而不为，不以恶小而为之。”何是“善小”，何为“恶小”，古人难以监控，而且善、恶太多难以叙述全，但依然强调要从小处着手，不放松细节，强调行为靠人的自觉。在现代，随着社会和科技的发展，人与人之间的联系越来越密切，需要共同遵守一些约束才能相处融洽。另外，监控的手段越来越多，也就能建立细化可执行的约束，利用约束规范人的行为，为实现目的服务。在古代，交通不发达，没有机动车，没有红绿灯，官府出行只能靠鸣锣开道。随着机动车的普及，为了保证交通安全、提高通行效率，相关部门在道路口设立了红绿灯，制定了交通法。在《机动车驾驶员交通违章记分办法》中，对违章记分有着细致明确的规定，影响道路交通安全与畅通、具有社会危害性的 65 种违章行为都要加以约束。与此同时，也加强了监控，以前主要靠交警执法，现在有大量的摄像头覆盖道路，基本可以做到全路段的无人监测，对于车辆违章可以自动生成扣分、罚款单，这对机动车驾驶员形成了较强的、详细的约束。比如违章记分规定，驾驶员未按规定使用安全带要进行罚款扣分，并采用了高清摄像机监控，在这种约束下，驾驶员在不知不觉中养成了开车系安全带的习惯。再如，航空公司为了吸引顾客，建立了会员制，当飞行里程达到一定值后，可以兑换机票、晋升会员卡的级别、享受高等级的会员待遇，这种会员卡制也是航空公司给顾客建立的一种弱约束。航空公司没有权力强制约束顾客买飞机票，但通过使顾客成为会员，利用给会员的飞行福利约束顾客的忠诚度，这不是强加的，是双方自愿的弱约束。当顾客乘飞机时，则要遵守航空公司制定的细致约束，如不准携带危险品上飞机，在飞机起飞、降落时要系好安全带等强制约束。

随着人类认知范围的不断扩展、科技手段的不断加强，人们不断从细化和量化上去定义“善小”“恶小”，并采用科技手段进行监测。现代人将朝向“透明”发展，人的通话记录、浏览网页记录、发表的言论、购物偏好等都能被监测，并被转化为数据进行记录，甚至可以智能地分析这些数据，预测行为。当然科技不是万能的，在细化行为、规范约束的同时，也要加强对思想意识的教育，在《中共中央关于坚持和完善中国特色社会主义制度、推进国家治理体系和治理能力现代化若干重大问题的决定》中，明确提出要建设人人有责、人人尽责、人人享有的社会治理共同体。“不以善小而不为，不以恶小而为之”仍是思想教育的精髓之一。诸如，在保护生态环境中，少用一张办公纸、少开一天车、少一点垃圾排放等，当人人从自身做起，就能聚沙成塔、积土成山，为生态环境贡献自身的力量。又如“马上办、网上办、就近办、一次办”是人人有责、人人尽责社会治理共同体的要求，科技发展在方便人们生活、工作、娱乐的同时，也要求人们遵守其约束，设施的维护、运行、使用都有其约束，当人们的行为成为习惯时，就已不知不觉地生活在约束中了。

随着人们认知水平的提高，对心理学、行为科学等人文科学也越加重视，加之科技的手段，也能从“小处”、细节起步，使约束趋向保护人和环境，以人为本，在简单、方便和人性化约束中驶向目的。

四是在科技发展的同时也要同步考虑对发展风险的约束，要用系统的观念分析新兴技术可能存在的潜在风险，建立相应的约束来预防风险。在工业社会之前，人们犯的错误不会给人类带来灾难性的后果，可以在犯错中改进。而今，人类发明了核武器，发展了基因改造、生物工程、克隆技术、人工智能等等，这些高端技术开始于高智商的少数人，人们易被其发展前景所吸引，愿意享受领先如救世主的感觉，而可能会忽略潜在的危险。人类只有约束住自己，才能避免使用核武器毁灭人类；人们只有提前约束不准研究克隆人的技术，才能避免有悖于伦理道德事情的发生；人类还看不清人工智能技术最终会不会危害于人，看不清脑接口技术会不会被用于控制人，看不清这些技术的组合发展会不会造出“超人”，人类在获取这些技术便利的同时，也增加了潜在的风险。人类在从自然进化向自我改造发展，在发展前端技术的同时，应制定相应的约束，避免“意外”给人类带来的灾难，避免生存环境的恶化。

这里重复强调，有人类活动的领域就需要系统科学管理，建立相应的约束才能持续发展，管理在人类的发展中越来越重要，在科学技术的高速发展中，人们更需要学习、探索建立人类命运共同体的理念。

6.3 从社会发展看行动性的趋势

在第四章将管理的行动性分为：作业性行动、约束性行动和多余性行动。

从作业性行动看，机械助力于人已成趋势。狩猎时代，古人渔猎靠矛、陷阱和石块，靠脚奔跑。农业社会，农民种植靠锄头、牲畜，依然要手脚并用。工业时代，人类社会开始生产机器，靠机器提升效率。在现代，人们从生产到生活开始依赖于机械，机械使人的力量增大、运动速度更快、效率更高、眼界更宽、算力更强。在工业领域，借助计算机辅助设计（CAD）、计算机辅助制造（CAM）等计算机辅助技术（CAX），并在此基础上加以人工智能，向智慧的设计、全自动制造方向发展；在农业领域，向工业化制造方向发展，如专业育种、农业自动化、自动灌溉、智能大棚、无土栽培等，通过智能与机械解放人的体力劳作；在服务领域，机械也开始服务于人，如自动驾驶汽车、自助售货机、网络销售、烧菜机以及辅助人们的各种医疗设备等，人们已离不开机械。

用智能的机器解放人的体力劳动，用智能算法辅助设计，人机合理地结合、安全、环保节能和方便操作已是作业行动发展趋势。

从约束性行动看，约束性行动会随着作业行动的发展而变化，会随着人们对客观规律和系统的认知深度而优化。约束性行动会继续向建立系统全面、流程简化、智能一次办成的方向发展。

决策行动会向量化分析、智能辅助决策的方向发展，随着监测手段和智能判读技术的普及，人类已能够获取海量的数据，但从这些海量数据中进行量化分析依然是一个难题。好在人们已经开始行动，随着对规律性认知广度和深度的不断增加、计算机算力的提高，机器学习技术的发展将会促进人工智能进行辅助决策系统的发展。

建立约束行动会向更加重视科学规律、研究规律性、尊重人的个性、保护群体利益、简明流程、科学引导提高效率。就如平板、智能手机操作简单，能提示每步操作，并防范误操作。随着生产力的提高、物质的丰富，人们已经解决了温饱需求，社会活动丰富多彩，人的爱好、感情需求、尊重需求、自我实现等需求更加强烈。建立约束行动就更要注重研究人文科学规律和作业行动的科学规律性，运用科学规律建立合理约束，通过简明的流程、一次把事办好和明显的规律性引导人们的行为自觉遵循某种秩序，驶向管理目的。

执行约束行动会继续向全过程监控方向发展，科技发展使监测的手段大为普及，正如，在道路旁的摄像头，可以监控车辆，记录通行中的事件；在产品生产中，设备自动检测和记录产品生产数据，在执行公务或公众服务中，录入完整的过程，这些细节的监测是希望减少差错或及时纠正差错，即使“恶小”也要受到批评。建立约束与执行约束行动相配合，使按流程办事成为规律性，从“小事”、细节着手向着一次把事办好的方向努力。

约束性行动将会更加重视宣传。随着现代通信和网络技术的发展，人们获取信息的途径更加多样化，人们可以随时上网，看信息或发信息，在公交车上、在会上、在聚会中以及任何空闲时，都可以拿出手机看、发信息，无论是有意、还是无意，无论是真、还是假，甚至恶意炒作，这些信息都在潜移默化地影响着人们的意识。在星云密布的网络里、在信息快如闪电的时代中，宣传的时效性得到增强，任何一点信息被炒作后就可能很快成为某种潮流，这就需要敏感信息导向，快速查源求证真相，不能人云亦云，要与媒体合作，及时公布真相，采取应对措施，使真相的传播速度和广度快于虚假信息的传播速度。在宣传行动中，要以多彩的、多途径的和吸引人的宣传方式及时影响人们的意识，及时引导意识认同目的，使行为符合要求。信息查源、求真技术也将是宣传传播的一种技术措施。

约束性行动向灵敏、快速和高效方向发展。人类社会在快速发展，高科技、新技术层出不穷，落后就要被淘汰，这就需要我们敏感于科技发展前沿、社会趋势和需求，提前谋划布局、快速行动。管理所建立的约束越来越细致和广泛，在向量化发展的同时，也要求执行约束行动更加精细、量化，遵循约束、维护约束，行动与约束对应，使之成为管理中的规律性，向法治管理发展。先秦韩非讲："千丈之堤，溃于蚁穴。"一个小小的蚂蚁洞，可以使千里长堤溃决，这就要求，我们要尽早地发现"蚁洞"，及时地进行修补，才能以小的代价防范风险。速度代表效率，自古就有兵贵神速取胜之道，当今高速发展的科技时代，更需要快速的行动性。

从多余性行动看，减少多余性行动一直是管理改进的方向。随着人们认知水平和科技手段的进步，在管理中，原来有效的一些方法，可被新的方式替代，不与时俱进、固守老的方法就可能变为多余性行动。比如，计算机、网络技术的发展，可以使信息共享，而原来要到各部门填写相同信息的方法就变为了多余性行动。随着通信技术、网络技术、智能大数据处理技术、在线办公、在线销售、在线诊断、在线控制、在线生产等的发展，人们和社会将会更加透明，透明的环境有利于带来公正的评价和公正的利益，减少了那些假公济私现象的发生，以及为个人私利而产生多余性行动的生存环境。当然，人和社会的透明不是没有个人隐私、没有组织的秘密，而是指在某种范围内的透明。现代科学技术的发展，可使办事流程更加简明、全程信息更加流畅，并能记录保持公正可查，可以流程再造，把以往按岗位设计流程，改为按系统优化的业务流程设置岗位，减少多余性行动。同时，人们可以通过网络办公，流程数据检查、分析，减少领导去基层的次数，也随之减少了接待领导和准备汇报材料的频率。现代科技手段为人们提供了若干可能，需要围绕目的优化选择。当然，多余性行动依然不可避免，管理就要持续改进。

6.4 从社会发展看规律性的趋势

管理要遵循客观规律，营造环境氛围，在该环境内形成有利于实现目的的明显规律性。人们在学习、观察和实践中认知规律，在认知规律的基础上发展，发展又促进了对规律的研究，将规律提升为理论，理论有更广泛的指导性，又可以以理论指导去探索新的未知，这也是发展的规律性。

原始人从实践中认知尖利石块好使的规律性，开始尝试制造原始工具，产生了原始制造，提高了狩猎成功率，并孕育了科学知识的萌芽。14 世纪到 16 世纪，欧洲文艺复兴揭开了近代科学革命的序幕，哥白尼在观测太空的基础上提出了地球环绕太阳的日心学说。17 世纪，在伽利略的力学和开普勒行星运动定律的基础上，牛顿建立了经典力学体系，完成人类历史上第一次科学理论大综合。近代科学的发展，扩展了人类的知识体系，也产生了新的理论，催生了以蒸汽机为代表的第一次工业革命和以电力为代表的第二次工业革命。20 世纪，相对论、量子力学、宇宙大爆炸模型、物质结构夸克模型、大陆板块模型、DNA 双螺旋模型等理论的构建，使人类的视野进一步拓展到宇观、宏观和微观领域。伴随着科技的进步，人类对客观规律的认识越来越深入，发展形成了各类科学和理论，数学、物理学、化学、系统科学、生命科学、信息科学、控制学、心理学等等都在随着科技的进步而不断发展，同时，理论的提升又指导了实践和发展。国家发展教育，教育可以使人们能够快速学习知识、认知规律，在掌握规律的基础上快速取得成功而发展。从历史发展中可以感受到从远古氏族部落、奴隶社会、封建社会，到资本主义社会与社会主义社会，从商品的交换、贸易的产生，到自由市场经济与计划经济，是人类在实践中对规律的总结和推广运用，而带动生产力发展，促进社会进步的发展过程。

随着生产力水平的不断提升，科技不断进步，社会不断发展，人们认知规律的范围和深度也在不断增加，新业态、新模式不断涌现，并尝试改进治理结构，构建新的社会规律性。科学技术各个领域之间相互联系加强，一方面学科越来越多、分工越来越细、研究越来越深入；另一方面，学科之间的联系越来越密切，相互联系、相互借鉴，在联合探索中，系统的观念越来越强。社会科学、自然科学、数学等理论的发展为研究管理和提高管理水平提供了理论指导和工具，科学管理需要借鉴相关理论，用系统的观念指导管理实践，并在实践中进一步发展管理理论。威廉·杰文斯（Jevons.William，1835—1882）是英国的经济学家和逻辑学家，他把数学方法引入经济学，在经济学方面的代表作是《政治经济学理论》和《经济学原理》。杰文斯是第一个研究劳动强度和疲劳关系问题的人。他进行了初步的工时研究和动作研究，使一个工人能每日或每周做的工作量为最大，但又能使工人通过休息消除疲劳，恢复全部体力。在劳资关系方面，杰文斯号召工人和管理当局合作，主张工业合伙，包括利润分享和职工拥有股票，他认为这是解决分歧和消除罢工的较好方法。杰文斯将数学、政治学等方法和研究成果用到管理上，促进了管理进步。管理的科学属性，体现于管理遵循自然科学、社会科学，并有自身的规律性。管理学科已形成“管理理论丛林”，要借鉴系统工程方法，针对实际工作系统地分析，提高成功率。

管理可以借鉴控制科学的理论及方法，建立闭环控制，在闭环控制中显现规律性，营造导向目的的环境氛围，提升管理效率。

控制学在自然科学中得到快速发展，其理论得到广泛应用。以运载火箭飞行控制为例，传统的控制方案为摄动制导，在运载火箭发射前要设计一条精准弹道，在飞行中控制系统根据运载火箭的实时轨道位置、运载火箭姿态、速度矢量、加速度等与精准弹道进行比较。当实际飞行弹道偏离精准弹道时，控制系统测量出运载火箭的实际运动参数，并解算出与精准弹道之间的偏差，根据偏差及运载的姿态、质量、质心、转动惯量等系统的传递函数解算出所需的控制力，发出指令控制发动机推力方向产生纠正偏差的控制力，控制系统也可以根据运载火箭箭体的角速率进行预先调节，使运载火箭尽快并平稳地回归到精准弹道上，如图6-2 摄动制导示意图所示。

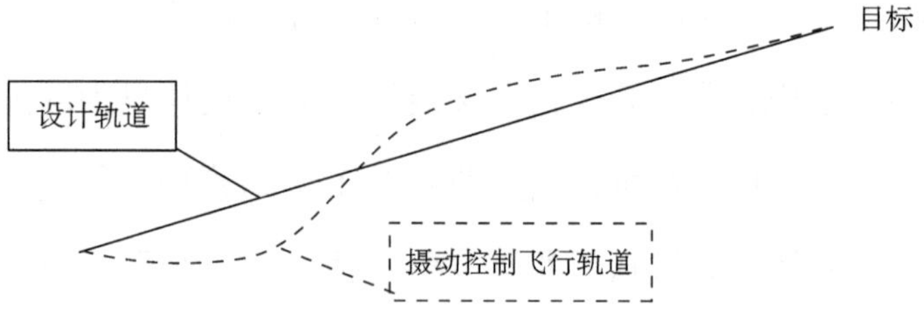

图 6–2　摄动制导示意图

随着数字技术、计算机技术和控制技术的发展，科研人员在运载火箭飞行控制上进行优化，采用了迭代制导，可以提升运载火箭的性能。所谓迭代制导，是指当运载火箭飞行偏离精准弹道时，控制系统测量出运载火箭的实际位置及运动参数，并根据要达到的目标点自主设计出一条新的优化弹道，控制运载火箭按新的优化弹道飞行，而不用回归到原精准弹道上，如图 6–3 迭代制导示意图所示。

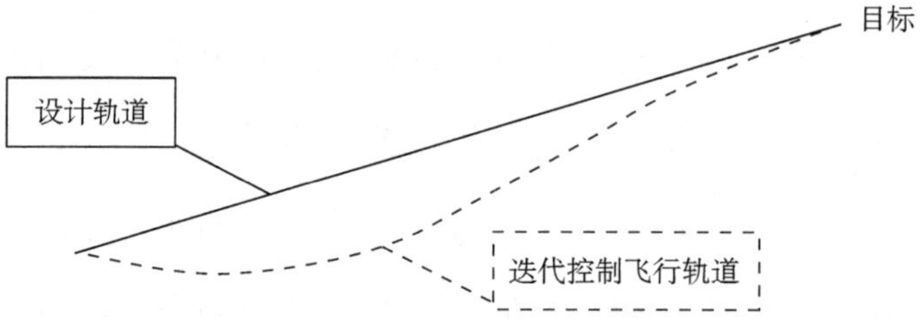

图 6–3　迭代制导示意图

在管理上也有类同控制原理，对于日常的、规范的、规模化的管理多类同于摄动制导，管理者要检查行为、结果等是否符合管理要求，当与管理要求出现偏差时，就要及时采取管理措施制止偏差，并纠正偏差，使之符合要求；对于管理中出现的重大意外，需重大决策时，又类同于迭代制导，管理者要根据实际情况，寻求达到目的的优化路线。《孙子兵法》讲，将在外君令有所不受，战争要胜利，就要结合实际制定战术步骤，这也类同迭代制导控制。本书一直强调要了解主旨目的，实际工作中清晰主旨目的就可借鉴迭代控制，优化过程目标，而不错失机遇。在自动控制中，控制目标明确相对不变，其系统无人参与，虽有附加输出但没有附加目的，系统的传递函数可以是已知的、可设计的，其规律是固定的。管理比自动控制更加复杂，管理的目标易受环境影响而变，人参与管理并追求更高目标，还容易产生潜在的附加目的，管理系统的传递函数是非常复杂的，甚至是随人而变化的，怎样界定管理的传递函数以及算法是管理要研究的课题。

再以控制学思维看市场经济与计划经济的差异。以控制学方法分析，可以把市场经济视为由众多的独立控制单元（企业或个人）构成，如图6–4市场中的独立控制单元框图所示。

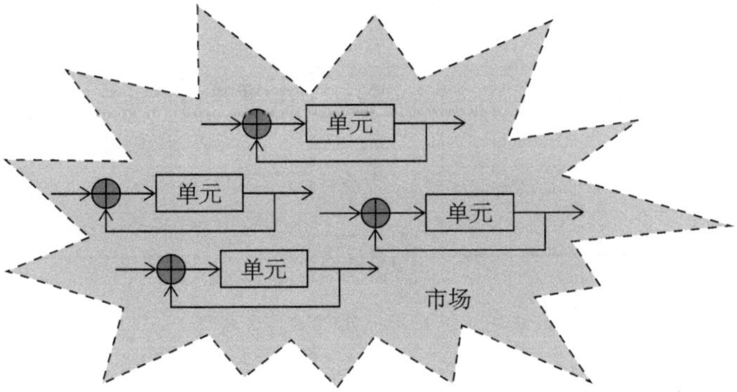

图6–4　市场中的独立控制单元框图

每个独立控制单元从市场获取资源（输入），为市场提供商品或服务（输出），并根据市场反馈控制输入、调节输出，进行摄动控制。

看似无序的各独立控制单元被无形的市场包裹着，各独立控制单元可以根据市场的需要及时反馈、决策，调整输入、输出量；每个独立控制单元在市场中的贡献与收获能够快速得到体现，及时体现了市场和独立控制单元的双赢，调动了单元的积极性；独立控制单元间没有行政关系，优胜劣汰，又可以自由组合，市场中的若干独立控制单元可以按价值链优化组合产业链，即按商业规则和市场需求使相关的独立控制单元串联或并联起来，或者说是市场使独立控制单元相互关联起来，并按市场需求进行迭代控制，寻求实现目的的最佳独立控制单元组合，构成新的产业链，以满足市场需求并获取利润。独立控制单元不适应市场要求则被淘汰，或新的先进控制单元淘汰落后的单元，即使个别独立控制单元缺失，市场需求就会产生新的单元以满足市场。

以控制学方法分析计划经济，模型可简化为以并串联为主的长链控制系统，如图 6-5 计划经济串并联控制框图所示。

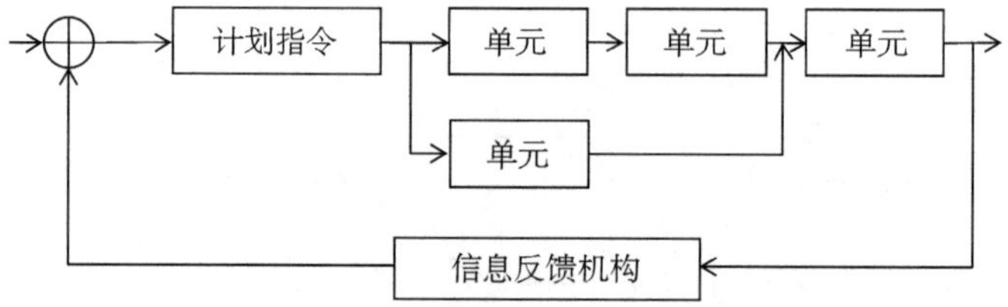

图 6-5　计划经济串并联控制框图

从简化模型看计划经济更有序，是理想控制组合，甚至在某些方面可以迭代控制主导发展，可以发挥出最佳效能。但在现实中，由于人的参与，加入了本位主义、官僚主义、人的素质差异，以及系统链路过长、链路中会夹杂附加目的等因素，使市场需求反馈较慢，决策指令的周期较长且易失真，调整周期长难以满足变化的市场需求，每个单元的贡献不能及时得到共赢体现，影响单元的积极性，同时，不科学、不协调的决策会影响系统，其损害也大。另外，计划链中各控制单元有行政隶属关系，不能自主组合，市场的激励性降低，缺少自主的迭代控制。用控制学术语讲，系统的惯性大，动态响应差，若反馈极性不正确，就难以发挥理想中的效能。

市场经济、计划经济是相对的，不是不相容的，计划经济体制中有市场经济空间，市场经济体制中有计划的因素，其目的都是发展经济。市场经济、计划经济都基于信息进行控制。随着现代网络技术与数据处理技术的发展，信息可以上线（网络），线上可以快速传递信息，市场经济、计划经济都能上线，线上可以把计划经济的有序与市场经济的灵活等优势组合在一起，或许“在线智慧经济”是经济体制的发展方向。王坚博士在《在线》一书中论述“互联网变成基础设施以后，人们要做的任何事情，其实都可以在互联网上做……”“在线让我们发现了完整的世界，当你认识了在线，你就会发现，除了原来我们所处的离线世界知识，还有更多丰富多彩的世界文明等待我们去发现，就好像我们的心智要比身体广阔。在线给了我们一个完整世界，我是真的这样认为。”“在线世界是一个没有被开垦的世界，我们的工作其实还没有开始，可以做的事情还有很多。面对在线世界，唯一的限制就是我们的想象力，而不是其他因素。新的世界肯定有新的游戏规则，新的定律。”可以设想，“在线智慧经济”中的每个单元都可以在线上，每个行业、产业按所需形成优化的拓扑结构式产业链，采用先进的技术、最优的性价比进行生产，降低风险，提高效率，快速创新。在线智慧经济是市场经济与计划经济通过在线重构，把需要与计划合在同一张网上，如图 6-6 在线智慧经济所示。独立控制单元需求与产出在线智慧匹配，使独立控制单元处于同等的信息源，信息透明，提供同等的机会，促使独立控制单元进一步做精做强，形成在线供给侧。在线智慧经济利用在线信息，智能判断市场趋势与供给侧匹配形成导向的计划安排，独立控制单元在线上竞争优胜劣汰。智能在线也可以自主迭代优化配置产业链，促进创新发展。在线智慧经济要求独立控制单元的数据上线，有利于数据统计和快速反馈，探索建立每个独立控制单元的传递函数，建立智慧经济控制模型，使社会资源得到最佳利用。从管理的行动性看，在线可以大大减少无效行动，提高效率。

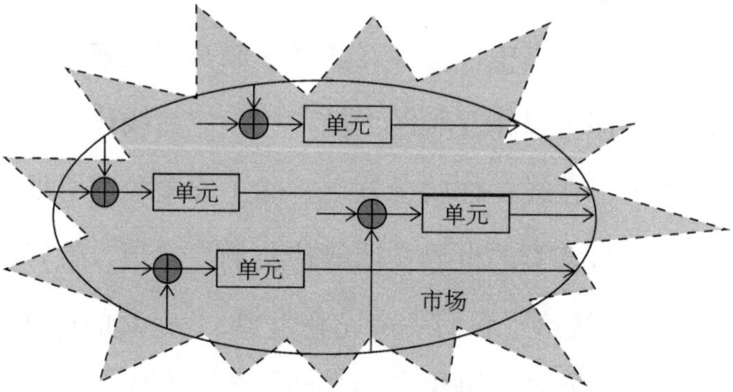

图 6-6　在线智慧经济

用控制学思维定性地分析计划经济与市场经济的模型，结合在线与智能技术推出在线智能经济是一种思路上的探索，但在线与智能是发展方向，在线便于数据积累、数据分析，有利于寻找规律性，为智能优化管理奠定基础，在线智能经济还有很多要探索的内容。

管理可以借鉴自动控制原理，诸如，闭环控制、实时获取信息、智能量化分析、优化控制量、快速反馈、敏捷控制等都是管理所需的。但管理也不等同于自动控制，自动控制是脱离人的干预，按相对稳定的规律驶向目标，而管理离不开人，是希望调动人的积极性，使其行动实现目标，需要公正、合理地评价每个人的贡献，及时赋予合理价值增值，是调动人积极性的有效方式。现代数据获取、数据传输、大数据处理等技术的发展，为量化管理和智能的规律性分析提供了技术基础。在管理中，对每个人的工作过程和业绩，以及创新建议建立数据库，便于客观公正地分析与评价，及时、合理、明显地将业绩与薪酬（增值）挂钩，以调动人的积极性，实现共赢。

6.5 管理发展的趋势

纵观历史，人类是在管理中得以发展的，通过管理构建了人类发展系统中的反馈回路，通过主动、持续和正确地纠正生存中出现的问题、传承好的经验而发展。人类逐渐学会去主动认知作业行动与结果的规律性，又能按规律性依据结果信息调整作业行动，相当于在作业行动上增加了反馈回路，是按认知的规律性主动指导实践，使作业行动的成功率提高，在这不断循环中，认知规律、掌握规律，并能运用规律指导行动。在远古时代，猿人与动物差异不大，都是为了生存发挥自己的特长，但原始人学会了总结经验、摸索规律、传承经验，并用经验指导本氏族行动。好的经验有利于提高生产力，使其氏族得以发展，错误的则被淘汰。

在优胜劣汰中，那些善于总结规律、把握规律，以认知规律指导实践的民族得以发展。纵观历史，人类在实践中认知规律，以科学的规律指导实践，就会促进生产力发展，社会发展；人类认知的规律越多，生产力发展就越快，社会的变化也越大。国家统治阶级将管理目的倾向于国家民众生存、发展生产力时，则国家昌盛；当国家统治阶级将管理目的倾向于自身利益、忽视民众生存时，则国家面向衰亡。社会上的各种组亦是如此，科学管理成为组织快速发展的必要条件，探索管理发展趋势，运用系统方法构建有利于调动人们积极性的环境氛围，以助推继续成功。

探讨事物的发展趋势，要分析事物的内因，还要分析事物所在环境的变化和趋势，毛泽东在《矛盾论》中讲外因是变化的条件，内因是变化的根据，外因通过内因而起作用。探讨管理的发展趋势，就要分析管理的内在动力和社会环境的发展趋势。

管理内在动力是人对目的的追求，以及追求高效实现目的。每个人都会产生需求，会根据实际情况把需求作为目的。目的可以多种多样，但无论个人、组织还是国家，其目的中都有生存与发展的要素，追求长久美好生活是人类的最大共性集，马斯洛讲“生存是人类最基本的要求”，美好生活则是随生产力发展、随社会进步而不断提高的，可以说长久美好生活是人类奋斗的主旨目的。另外在目的要素中，通常有使其价值增值大于同类的要求，价值增值大有利于发展并拥有更多的话语权。人类是个体人的集合，没有个体人能代表人类，但个体人的努力、组织和国家的努力在推动人类发展的同时，自身价值的增加也是管理的内在动力。

管理发展的外因是所处时代的社会环境，在人类有记载的历史中，生产力和科技的发展一直相对平缓，管理方式也与之相适应的随同发展，直到工业革命之后，科技和生产力发展十分迅猛，催生出了资本主义社会和社会主义社会。资本主义是一种以生产资料私有制为基础的社会制度；关于社会主义，邓小平提出："社会主义的本质，是解放生产力，发展生产力，消灭剥削，消除两极分化，最终达到共同富裕。"当今社会已发展到信息化时代，并向智能化发展，管理将如何适应信息时代？或许社会将向"智能主义社会"发展，智能辅助社会决策，虽然资本主义与社会主义的决策准则不同，但智能可按各社会的主旨优化与辅助决策。

科技的快速发展已成为社会的主趋势，电子技术以摩尔定律的速率高速发展，即当价格不变时，集成电路上可容纳的元器件的数目，约每隔 18~24 个月便会增加一倍，性能也将提升一倍。集成电路的微型化、功耗减少、性能高和价格低的优势使电子产品快速融入人类的生活，人类已离不开电子产品，而电子产品也能记录人的行为。

网络技术已使世界各地互联，人们在网上交流、购物、学习、娱乐、办公、组成网上社团，也可以自由地发布言论宣扬自己的观点，或为了某种利益，或仅仅为了博得关注。人们从网上获得的信息既快速，又包含多种观点，已远方便于传统的电视、报纸等媒介。信息网络技术仍在快速发展，5G、6G、全球低轨卫星星群、互联网、物联网，以及万能云网使人们能在网上办的事情越来越多，在网上留下的信息也越来越多，这些海量信息看似杂乱无章，但通过大数据分析从中寻找出规律性的东西就是价值。利用网络传播信息引导人的意识，利用网络获取大数据进行分析决策，利用网络形成产业链、价值链等已成为社会发展趋势。

脑科学被认为是下一次产业革命，称其为产业革命仍可能小看了脑科学，可视为人类的革命。人类最神秘的大脑是如何记忆、如何产生意识、如何思考、如何运行的，这是涉及人本质的前端科学。已有著名机构研究脑机接口技术，在人脑与其他电子设备之间建立直接关联的通道，希望以脑中的想法去直接操纵设备。此外，通过网络还可以实现超距感知、记忆增强、以意控物等等，或许脑机接口可以使人们不用耳而能听，不用口而能交流，不用眼而能看。同样的问题，脑外的电子设备可以控制大脑吗？可以改变人的记忆吗？可以读取或改变人的意识吗？可以改变人的思维模式吗？那你还是你吗？这些看似不可能的事却在快速发展着。

人工智能技术正在蓬勃发展，AlphaGo、语言自动翻译、机器学习等仅是人工智能的初级应用。随着电子技术、计算机技术、信息网络技术和各学科的理论发展，人工智能在寻求大数据中的规律性、预测事物的发展、遵循规则处理事情和辅助优化决策等方面更具优势。当今世界科技高速发展，个体人的经验积累速度已赶不上人类科技发展速度和广度，以往人们可以听取有经验的智者提供参考建议进行决策，在科技迅猛发展的年代，有经验的智者也同样面临新的问题，仅凭人们的经验或定性的分析难以做出最佳决策。而人工智能具有快速学习的能力，可以赋予最前端知识模型，可以有数据分析仿真验证能力和功能扩充融合的能力。AlphaGo在几个月内对围棋无师自通，可以按规则自己与自己博弈，成为人们难以战胜的围棋高手，并开扩了人们对围棋的新战术。人们借助于人工智能可以拓展思路，综合多因素分析，从而更系统地优化决策。人工智能的发展将融于人类的发展中，并将起到重要作用，特别是在政务系统应用中，人工智能没有“个人”的七情六欲、没有自我的意识、不加入主观因素，可以依据大数据的分析和规则，客观地给出优选的决策或公平的结果。在人工智能的发展中，人工智能会产生自我意识吗？但愿人们不犯错误，禁止发展智能的自我意识，不失控，让人工智能技术“无私”地服务于人类。

以基因工程、细胞工程、微生物工程、蛋白质工程为代表的生物技术迅猛发展，已带来巨大的社会效益和经济效益。人们在不知不觉中受生物技术的影响并改变着生产和生活的方式，或许生物技术的发展可以改变人，产生超常智慧、超常体力、超长寿命的一些超人，那么人类的命运是否会由这群超人把控呢？

自古以来，人们受生存环境和科技水平的影响，不能回答和解决人的生老病死、贫富差异等等疑惑，但人类一直在思索，也有先驱在人们精神中创造了万能的神。现代科技高速发展，也在造福人们，可以上天入地、眼观六路、耳听八方，人正在变为“神”，不受疾病困扰，青春永驻、无所不能，这是美好的愿景，那么神的世界又该怎样管理呢？

科学技术快速发展，生产力空前提高，世界的格局正在改变，管理的环境正在快速发生变化。以往管理可以随着生产力的提高、科技的进步而逐步改进与社会环境相匹配，而现在社会环境的变化需要管理快速跟进，要遵循科学的规律，要利用科技的手段，还要预防科技发展可能存在的风险，要把控方向，不仅要顾及个人、顾及组织利益，还要考虑有利于人类生存的友好环境，要进行众多要素的系统分析。科技高速发展，人类知识领域正在迅速扩大，个人在某个领域可以创新、一时领先，但人们普遍的学习速度和了解的知识领域已小于人类科技发展的速度。以色列作家尤瓦尔·赫拉利在《未来简史》中讲道：“专家各有所长，他们精通人工智能、纳米技术、大数据或基因遗传学，但没有人能成为一切的专家。因此，没有人能真正地把所有点都串起来，看到完整的全貌。不同领域之间的影响错综复杂，就算最聪明的头脑也无法预测人工智能的突破会对纳米技术有何影响；反之亦然。没有人能掌握所有最新科学发现，没有人知道我们在一片匆忙之中将走向何方。”

个人的能力有限，但借助人工智能辅助人们管理就能系统分析和综合更多的方面，并与前沿的知识、技术相结合，在多因素、多变化的环境中全面系统分析寻求优化的决策。人工智能辅助人们管理将是管理发展的方向，如现在正在兴起的智慧交通、一卡通、智能医疗、城市大脑等等，虽然只是开始的初级阶段，还不完善，但已显示出其优越性。随之发展也将会出现智能政务系统、城市大脑、国家大脑、世界大脑，辅助人们更好地进行管理。人们确定主旨目的、制定规则并赋予智能系统，智能系统提供优化可行路径，不讲人情依法约束违规行为，有利于形成公平、法治的管理环境。

在现今管理中，随着“在线”的趋势，大数据分析及智能技术发展，为高效管理提供了手段，会使之管理更加精细。在管理中要更加重视数据，要开始积累数据、分析利用数据、以数据分析为依据。在趋向智能管理的过程中，管理者应努力使组织中的每项工作都有流程，都要生成与留存数据，数据共享减少重复的步骤，并尝试建立局域的人工智能辅助决策系统，使每个人的创新都会被记录下来，创造的价值能与自身获得的价值成公平的比例，人们处于社会信息透明、公正的组织环境中，其积极性能够得以发挥，实现个人价值和组织价值成比增长。人工智能辅助决策，将从局域、单项类型，向全局、综合发展，向智能社会发展。

6.6 思考题

1. 共产主义世界是什么样的管理模式？以此放开想象力，拓展想象的空间，描绘人类管理的愿景。

2. 以色列作家尤瓦尔·赫拉利在《未来简史》中讲“在追求幸福和不死的过程中，人类事实上在努力把自己升级为神”。设想一下，把人升级为神的目的是什么？

3. 读完本书后，你能发掘周边的规律性吗？这些规律性的效能如何？怎样显现规律性的？

第七章
管理者修养

修养是内心的修炼，是综合素质的反映，是内在的觉悟，是人的意识水平提升，对事情认识得更加透彻。提高自身的修养，是修身的过程，是建立和实现人生目标的基础，是人生豁达成为高尚的人的必要条件，管理者不仅要管理自己还要管理他人，这就更需要提高修养，带领他人一起实现目标。

何为管理者，管理是为实现目的在约束下进行有规律性的行动，通常把采取约束行动的人统称为管理者，人在实施约束行动时就是管理者。管理者是一个相对的概念，当在实施约束行动时是管理者，而在被约束时又是被管理的对象，广义上讲，每个人都处于管理者和被管理对象的两种角色转换中。自我管理是理想自我与现实自我之间差距的管理，理想与现实的差距需要理想的我约束现实我的行为，使行为朝向理想。从工作岗位上讲，处于管理岗位的人是管理者，而每个管理者又受上级和制度的约束，其行为又是被管理的对象，遵守制度又属于在外界的约束下自我管理。对管理者而言，特别是工作岗位上的管理者，更要注重自我的修养，在管理中进步。本章依然从管理的四性论述管理者修养。

7.1 有清晰的目的意识

管理是为了实现目的。管理者的修养首先是认知目的、把握目标的能力。目的是目标的核心，把握目标是围绕战略目的可适当调整战术行动；把握目标是不受诱惑、不产生与目标无关的行动。当今世界，通信、网络高度发达，人们面对的是五彩缤纷的世界，也面临着各种诱惑，不被诱惑所迷惑就需要有坚定的目标，有坚定的目标才能产生克服一切困难的动力，对目标的坚定性越强，动力就越大。

自身修养首先要建立自己的人生目的，建立正确的人生观，人生观是自身价值的取向、辨别是非的基石，需要通过学习和不断反省自己进行内在意识的修炼，提升人生观。人生有坚定的目的就能努力使自己的行动驶向目标，为驶向目标每前进一步而心悦，就不会为一时的得失而苦恼，就能减少受诱惑而背离目的的行动。自身修养建立人生目的就如同人生途中的灯塔，沿着灯塔前行就会增加成功的概率。

认知目的的修养也是工作中的重要能力。基层管理者要有清晰的目标意识，工作是围绕实现目标进行的，是围绕实现目标而采取的行动。管理者要加强学习，增加实际经验的累计，要能领悟目的、辨识哪些行为有利于目标的实现，哪些行为妨碍于目标的实现，提升运用制度的约束能力，运用规章、制度等去支持有利于目标实现的行为，限制妨碍目标实现的行为；要锻炼涵养，不为自己的好胜而偏离目标，不为某个不重要的细节而迷失目标，不为外界诱惑而轻易放弃目标；要勤于思考，在实践中锻炼系统的思维能力，在完成本职工作的同时，从上下游去看本职工作在系统上的作用，开阔视野。

高层管理者要清晰系统的主旨目的，准确把握目标，把目的分解为可实现的战术目标，有步骤地分步实施，并能围绕目的结合实际情况动态地调整分步骤的目标；要不断学习掌握规律，提升能力辨识环境中各种趋势的目的，在实践中提升围绕目的的系统思维修养，形成合作共赢的局面，并能制衡附加目的的扩张，营造出有利于实现目的的环境氛围；要锻炼涵养，目的坚定，荣辱不惊，以开阔的胸怀，从不同的声音中寻求实现目的的最优途径。

决策层管理者要高瞻远瞩地确定目的，描绘出目的的愿景，构建有利于实现目的的生态环境，这里的生态环境包含系统内的人文组织环境、体系制度环境、科技经济环境、资源环境等，也要适应系统所在的社会环境、市场环境等；要关注和学习新知识，并努力了解其本质，认知其发展趋势和可能带来的变化，寻求发展机遇。

管理者要有实现目的的意志力、行动力和激情。目的与意志力、行动力和激情相辅相成，目的强烈坚定，其意志力、行动力和激情就会增加，而意志力、行动力和激情的增加有利于目的的实现。所谓意志力，就是为实现目的而控制自己的注意力、情绪和欲望的能力。为达到目的，就必须克制目的之外的欲望，有坚守目的的意志力，就能根据目的来支配、调节自己的行动，克服各种困难，从而实现目的。实现目的必须付出行动，并且是持之以恒的行动，不满足于现状，也不畏困难，结合现实一步一个脚印前行。在开放的社会环境中，人的意识会受到各种信息的影响，有积极向上的正能量，也有懒怠消极的负能量，更有各种的诱惑和遇到各种困难，管理者要坚定目的，保持激情，积极行动，还要把坚定的目的和坚决的行动力表现出来，使其团队感受到激情，受到鼓舞，愿意与之一同奋斗。

管理者要不断提高与时俱进的能力。21 世纪是科技飞速发展、知识激增的年代，新的知识、新的理论会引发新技术，并带来颠覆性的变化，相应的行业也会形成新的布局，而领先掌握颠覆技术者就有机会超越发展。一个组织的顶层管理者要高瞻远瞩，要不断学习和领悟新知识，与时俱进，在竞争中持续发展或超越前行。

实际上，每一个人都是自我的管理者，都有管理的属性，在自觉和不自觉中管理着自己，每个人是否思考过自己的人生目标？其目标是否坚定？有的人会随波逐流、迷失目标，有的人会坚守目标，努力奋斗而获得成功。修身、齐家、治国、平天下，我们要先从修身开始，要思考、坚定自己的人生目的，并在学习和实践中增长实现目的的才能。

7.2 有为公的觉悟

管理约束是内在约束和外在约束的组合，对管理者而言，更要加强自我的内在约束，要建立自我的意识约束，修养为公意识、为公的觉悟。

为公就是要有公德，要有基本的道德，“不准”损害公众利益；“应该”完成社会责任义务；“提倡”把公众的利益优先于个人的利益；为人处世要公正、公平、诚信。毛泽东在《纪念白求恩》一文中为人们树立了榜样：“白求恩同志毫不利己、专门利人的精神，表现在他对工作的极端的负责任，对同志对人民的极端的热忱。”“我们大家要学习他毫无自私自利之心的精神。从这点出发，就可以变为大有利于人民的人。一个人能力有大小，但只要有这点精神，就是一个高尚的人，一个纯粹的人，一个有道德的人，一个脱离了低级趣味的人，一个有益于人民的人。”

毫不利己、专门利人的精神是很高的境界，马斯洛在《人类动机的理论》一书中把人的需求分成生理需求、安全需求、社会需求、尊重需求和自我实现需求五类，依次由较低层次到较高层次。这些需求是人的自我意识在不同层次上的体现，也可以同时存在。如果人的生理需求过强，或者说自我实现需求过于追求自身财富，则表现私欲过强、为公的意识较弱。私欲过强，个人的私利总会浮现在眼前，且自私的欲望是无止境的，会使人被私利迷惑而失去方向。当管理者把私利掺杂于组织中，私利就成为潜在的目的，不直接表述，让人去猜测，又使效率降低，且私利易随机变化、过度膨胀。当私利附加在组织的目的中，甚至主导着组织决策以利于私利时，就会出现假公济私，或损公肥私的现象，也或顾忌私利犹豫不决，使组织的决策更加困难，管理者私利过重，就会上行下效，难以形成团结的团队。

当人的社会需求和尊重需求强烈时，就应为社会服务，不能过于自私才能得到社会认同和受到尊重，当自我实现需求与人民利益融为一体作为最重要的需求时，可以降低生理需求、安全需求的标准，甚至可以为理想付出生命。在中国革命史中，有很多英雄人物把自我实现需求与人民利益融为一体，如方志敏在狱中写下《死！——共产主义的殉道者的记述》："敌人只能砍下我们的头颅，决不能动摇我们的信仰！因为我们信仰的主义，乃是宇宙的真理！为着共产主义牺牲，为着苏维埃流血，那是我们十分情愿的啊！"又如叶挺在狱中受尽各种非人的酷刑，仍坚贞不屈，他在监狱的墙壁上题写下气壮山河的《囚歌》：

为人进出的门紧锁着，
为狗爬走的洞敞开着，
一个声音高叫着：
爬出来呵，给你自由！
我渴望着自由，
但也深知道——
人的躯体哪能由狗的洞子爬出！
我只能期待着，
那一天——
地下的烈火冲腾，
把这活棺材和我一齐烧掉，
我应该在烈火和热血中得到永生。

当人胸怀坚定的伟大理想、抱负时，就能降低自己的较低层次的需求，减少自己的私欲，增强为公的意识。历史上和现实世界中，取得伟大成功的人士都有其宏伟的目的和为实现目的减少自己私欲的品性。

这里讲为公意识，一是在道德中"不准"和"应该"基础上迈向"提倡”层级，“提倡”社会利益高于集体利益，集体利益高于个人利益；二是为人处世要公正、公平、诚信，建立公正、公平、诚信的环境是社会稳定的需要，是有利于人类发展的。

建立为公意识需要自身的修养。人是有自我意识的，有私心是正常的状态，但有私心不能忘了公心，要加强为公的意识，克服“一事当前，先替自己打算”，要一事当前，先有为公意识，公平、公正、公利为先。要懂得有所为有所不为，有所为的是人生大目标、是有益于人民的，有所不为的是自身小利，要以大目标提醒自己，不被眼前的私利所迷惑，影响大目标的实现。

加强为公意识的修养，就要建立正确的人生观，建立坚定高尚的有利于人类社会发展的目标，要清楚地认识到，追求眼前的小利是永远不会满足的，也是办不成大事的，而把眼光放长远一些，明确自我人生中最重要的追求是什么，个人能力发挥到最大程度其愿景是怎样的，个人理想是什么，使之成为内在的动力。一个人如果没有理想，也难以成就事业。

为公意识的修养，要有人生的行为准则，要向道德“提倡”层级努力，不被眼前的小利所诱惑，并时常反省自己，使自己的言行符合行为准则朝向所追求的目的，持之以恒形成习惯，使自己越来越成为自己所期望的人物。

为公意识的修养，要形成为公的氛围，特别是管理岗位上的管理者，不能让为公者吃亏，形成众人为公的氛围就能激励自己和别人以为公为荣，抑制为私的行为，要在这种氛围中加强修养，提高为公的觉悟。

通过自身修养提高为公的境界，可以使人的社会需求、尊重需求和自我实现需求得到一些满足而感到幸福，多一分为公的意识就少一分私利的欲望，减少一分私利的欲望就多了一分快乐的因素，可以使自己心态平和、处事大度，可以抵制私利的诱惑，不为自己眼前的小利而损害大局，就有利于正确地判断大局，多了一分走向成功的把握。建立为公的意识，才能把公众的利益优先于个人利益，才能为人处世公正、公平，才能讲诚信，不会为自己眼前的小利而与人争利，也就能得到人们的信任和信赖，增强自身的魅力和威望，获得人们的支持，为实现人生的目的创造有利的环境。

为公是一种高尚的公德，处于管理岗位的管理者就更应该有为公的意识约束。管理者有为公的意识，能够为公处事，以身作则为身边的人树立一个为公的榜样，就能使组织形成为公的氛围，使组织成员自觉地抵制私利，为公的环境能成就有战斗力的团队；管理者有为公的觉悟，这种好品德会带来长久的魅力，人们愿意与品德高尚的人合作，俗语讲物以类聚，志同道合合作才能长久，才能凝聚人心，才能高效完成目标。

7.3 有沟通和勇于实践的能力

在管理的行动中，沟通是最经常的行动，也是管理者的重要能力。沟通是人与人之间、人与群体之间思想与感情传递和反馈的过程，以求思想达成一致和感情的通畅。在第三章管理的约束性中讲到，约束的本质是通过外在的形式让意识认同遵守约束之利。沟通是人意识间的交流，是希望在某个范围内形成意识上的认同或认知，而建立一种意识约束，使之在决策中考虑对方的感情、利益，或在行动中保持一致，是管理中必不可少的一种手段。《孙子兵法·谋攻篇》讲：凡用兵之法，全国为上，破国次之；全军为上，破军次之；全旅为上，破旅次之；全卒为上，破卒次之；全伍为上，破伍次之。是故百战百胜，非善之善者也；不战而屈人之兵，善之善者也。其核心思想是战争不是为了毁灭，而是使对手降服，不战而能使对手降服，是上策。对手降服是意识的降服，同样，管理的约束性行动有多种多样的表现形式，但意识认同才能遵守约束、防范风险，达到约束的目的。沟通是直接的意识交流，通过沟通使人的意识认同而自觉付之行动；通过沟通认知对方的想法，就会在决策中多了一维考虑因素。人在社会中离不开沟通，人与人之间要沟通，人与组织之间要沟通，人与设备之间也要“沟通”（指人与设备的信息交换，人的动作或指令对应设备的输出，人根据设备的输出进行后续的动作，类同于信息交流）。人与人沟通涉及面非常广泛，有时简单有时很复杂，同样的信息可能对应不同的结果，你认为表述清楚了而听者却未必完全明白，或者听者另有想法，这就更需要加强沟通。沟通好可以减少阻力，可以助推成功。

沟通有很多技巧，也有专门的课程，这里强调以下几点。一是要清楚自己每次沟通想要达到的目的。沟通是围绕某个目的，是了解对方的真实意图，或是使对方认同自己的主张开展合作，或是使对方遵守某项约束，或是调动积极性，等等。沟通的技巧服务于沟通的目的，沟通的目的不清晰，费时费力，再多的技巧也没有意义。在沟通前要确认自己这次沟通的目的，围绕目的作准备和围绕目的进行沟通，在沟通中谈天说地、引经据典是为了使沟通的对方认同目的，而不是为了显示才华。沟通是信息的交流，在信息社会信息太多，难免在沟通中偏离主题，善于沟通者能够围绕此次沟通的目的把握话题。沟通者也要清晰主旨目的，在万变的信息中，发现新的机遇，犹如第六章中讲的迭代制导，虽然偏离了既定目标，但方向依然是朝向主旨目的，结合实际调整目标，沟通就会更有效率。

二是沟通的悟性，在沟通中对方的目的可能不清晰，也可能不愿直接明了地表达（特别是潜在性的目的），又可能是表达力不够，这时就需要沟通者的悟性，能否在沟通中感悟、归纳出对方的目的。沟通要认真用心聆听，要了解对方所处的环境、其经历和内在的主导规律性，要结合沟通对象的习惯，又要放下已有的偏见，要积极正向地询问，善于运用案例引导，营造开放的沟通氛围，只有真正了解了对方的意图，也包含其潜在性的目的、运行规律性，才能有的放矢，有效沟通。沟通可能需要多次进行，但每次都要了解问题所在，也要让对方了解自己的目的、所处环境和规律性。

三是寻求双方利益的最大点，沟通的双方或多方都有自己的目的，在清楚自己的目的和了解对方的目的后，就要围绕这些目的集去寻求最大的共同利益，或在各方底线之上寻找出一种或多种方案，讲解方案对各方之利，获得多数或关键方的认同。所选方案可能不是最佳的，但从大局或从现实看是有说服力的、各方都愿意为之的方案就是沟通的成果。当然对于潜在性目的，也要适度把握，要遵守国家法律，以有利于发展为原则。

四是避免概念的歧义，对沟通中提到的一些概念要有共同的定义和适用的范围，因概念定义不同或界定的范围不同，会各说各有理，失去了基准。常常发生的一些辩论，看似都有道理，也能有实例例证，是由于概念或限定边界条件的不同，而形成不同的解读。确认共识的概念和边界条件，这本身就不易形成共识，现实生活中有很多沟通误解，而多了许多曲折和故事，甚至在误解中造成灾难。在沟通中要力求围绕目的求同存异，避免误解，多用公式表达、数据说话，或许以后随着大数据和智能技术的发展更有助于人们的沟通。在沟通中要增加双方或多方了解，最忌讳恶意地丑化对方，把沟通过程变成树敌行为，是沟通的最大失败。沟通的技巧有很多，有很多沟通专著和沟通培训，管理者加强沟通技巧学习、提高沟通能力是非常必要的。

管理者要有勇于科学的实践能力，这里指的科学的实践是指不违背科学原理进行的管理行动。管理离不开行动，管理者要敢于科学决策，要敢于营造有利于实现目的的规律性，要敢于纠偏维护优良氛围。管理者要敢于担当，而不是不负责任地盲目决策。敢于担当源于管理者的良好修养：管理者要有良好的沟通能力，正确理解任务目的和统一团队思想；管理者要有为公的觉悟，多一分为公、少一分为私就增强了责任心，就增加了实践的勇气；管理者有清晰的目的意识，就有利于抓住重点，保持正确的方向，减少失误；管理者有把握规律的能力，就能想出克服困难的办法，就会信心满满，敢于科学地进行管理。

在管理的实践行动中学习管理，不断地总结经验、教训，探索规律性，也是提高自身修养、树立自信心的重要过程。

7.4 有把握规律的能力

认知规律是人的重要技能，人从出生后就开始摸索身边的规律性，俗语讲“会哭的孩子有奶吃，会撒娇的孩子有人哄”，这是孩子们在生活中形成的规律性经验。有一则案例，孩子刚学走路时，时常摔跤，其父亲看到孩子摔倒，就装腔作势训斥孩子，并象征性地惩罚一下；孩子的母亲看到孩子摔倒时则百般安抚。几次以后，当孩子再摔倒时，会先看一下，看到其母亲时，就会大哭，而看到只有父亲在旁时，则会自己爬起来。孩子是在自觉和不自觉中学习适应环境，感受和积累规律性的经验并利用经验（规律性）。当孩子们进入学校就开始系统地学习知识，其中重要的内容就是认知和掌握基本的科学规律，并运用规律完成作业。

人在生活、学习和工作中必然会遇到大量有规律性的事情，尽管很多时候看似杂乱无章，但实际上是若干规律的组合作用。人们常讲的技巧、窍门多是在某种条件下找到了主导规律，人成长于学习规律，成功于正确运用规律。

各行各业各事都有其规律性，术有专攻业有所长，一个人不可能都掌握或了解，但对管理者来说，增强对规律性的感悟和发现管理中规律性的能力就更为重要，不仅可以提高自己的效率，也有利于调动成员积极性，提升所负责系统的效率。掌握管理中的规律：一是了解掌握与自己相关的规律性；二是了解与自己相关规律性的机理和目的；三是为实现目的系统地运用规律性。

了解掌握与自己相关的规律性。与自己相关是指自己的行为规律性和所在环境具有的规律性，行为遵循相关规律性就有利于实现目的。自己行为规律性是要建立认知规律的意识和形成良好习惯，思想决定行为，行为决定习惯，习惯决定性格，性格决定命运。一种活动或一种行为，多次的重复，就能变成意识中的一种逻辑模式，在同等条件下，人们可以“不加思索”地按形成的逻辑模式行动，成为习惯行为，习惯在客观上表现出有规律性的行为，好的生活习惯，诸如早睡早起、坚持运动锻炼、坚持学习、办事不拖拉一次办好等，这些有规律的生活习惯有利于身体健康，有利于提高生活质量和效率；要掌握自己从事工作中的规律性，是从事工作的应知应会，是相关制度、专业知识和工作技能，如管理人员应掌握所负责审核、承办事情的规章制度、办事流程等，设计人员则应掌握其专业技术的内在规律，职工应掌握应知应会的职业技能，这些工作都有其内在的规律性,职业技能反映了对其规律性的掌握程度，工作岗位的技术评定也是对其掌握规律性的认定；要了解与自己相关环境中的规律性，在生活与工作中要与他人联系、合作，对于重要的事情就要了解相关方的办事制度、流程、准则等等，了解相关事情的实际规律性就能有所准备，有的放矢。孙子兵法讲“知己知彼百战不殆”，知己知彼不仅是知道自己和对方的情况，还要知道己和彼的内在规律性，才能做到百战不殆，达到事半功倍的成效。

了解与自己相关规律性的机理和目的。知其机理和目的是为了更深刻地把握规律性，更有效利用规律性高效把事办成。探究其规律性的机理，就要弄明白该规律性行动要达到什么目的，是防范什么差错，是减少什么风险，是鼓励什么反对什么，还是培养、约束什么意识等，以及该规律性是怎样运行的，哪些行动起到了最主要作用，哪些行动是重复的，哪些行动是多余的，哪些行动是背道而驰的。如果有规律性的行动不能起到有效促进实现管理目的的作用，则该行动对管理目的就没有效能（或许对潜在目的有效能），没有效能的形式就是形式主义，没有效能的行动属于多余行动。管理者在采取管理约束性行动时，可以针对自己的行动分析，该行动是维持、建立什么规律性，或在维持规律中起什么作用，其机理是什么，在实践和思索中进步。了解掌握与自己相关的规律性仅是知其然，而探究这些规律性机理是要知其所以然，在工作中知其然知其所以然，就能掌握处理该范畴内的例外事件、应急事件的原则，以及对相关的规章制度、流程和行动的方式等提出合理优化建议，就能在完成工作的过程中展示才能。掌握一类事情的规律性就学会了一种技能，而知其规律性的运行机理则是通过表象看本质，是能力的提升。

为实现目的系统地运用规律性。在实际中常常遇到的是规律性集合，不是单一的，而是若干的规律性相互作用，特别是大系统管理、综合管理，面临着事件的集合，是众多规律性的综合作用，诸如要考虑调动人员的积极性，还要考虑团队的平衡、组织的效益、社会环境等，要在其中寻找到平衡点，需要进行系统分析和设计。面对复杂的局面，管理者更要从系统、全局的角度分辨哪段时间、哪个事件是起主要作用的，其主导规律是什么，找出该时间段和事件的主要矛盾，以及矛盾的主要方面，按其规律性保障外部条件，引导事件向预期的方向发展。把目的分解为子目标，子目标对应事件，以系统的思维把事件间的主导规律有机地联系起来，是系统的一种分析方法。在管理中强调细化管理、细化流程，就是针对每个环节减少干扰因素，突出该环节的规律性，一次把该环节的事情办成，环环相扣就能一次连一次地把事情做成，就能事半功倍。

管理者把握规律就要重视宣传，宣传是有效的方式，可以把管理中相应的规律性明显地宣传出来，便于人们知晓其规律性而能自觉地执行。要遵循科学的规律，建立制度，在行动中按制度执行，使之成为实际规律性，逐步形成法治化管理氛围。

正确认知规律、把握规律、运用规律都依赖于真实信息，信息是做出判断的输入、是必要条件。在《西游记》三打白骨精故事中，唐僧依据于错误的信息开除了孙悟空。现实中这样的事情很多。获取真实信息是管理工作的基础，管理者要能获取信息；分析信息、辨别真假，要通过信息看其本质 、看其潜在的规律；要能正确运用信息，做出合理决策。

管理者的修养是多方面的，本章仅从管理的目的性、约束性、行动性和规律性四方面所需的基本修养进行论述，也仅仅是提示，要提高修养，需要管理者不断学习、不断实践，在总结和反思下，理清规律性的机理，并在规律指导下再实践，不断进步和提高修养水平。毛泽东在《实践论》中讲道："我们的实践证明：感觉到了的东西，我们不能立刻理解它，只有理解了的东西才更深刻地感觉它。感觉只解决现象问题，理论才解决本质问题。""从感性认识而能动地发展到理性认识，又从理性认识而能动地指导革命实践，改造主观世界和客观世界。实践、认识、再实践、再认识，这种形式，循环往复以至无穷，而实践和认识之每一循环的内容，都比较地进到了高一级的程度。"对管理的认知亦是如此，我们自幼儿时就开始接受和感知管理，尽管不理解管理，但也在实践管理。通过学习使人们能从实践的感知，快速上升到理性，认识理解管理就会更深刻地感受管理，若能再以管理知识指导管理与自我管理的实践，并在实践中再总结经验、认真反思和继续学习，则是快速提高管理修养的有效途径。

随着科技的快速发展，新的理论、新的方法、新的模式、新的手段层出不穷，更需要管理者不断学习，敏感并紧跟世界的发展步伐，与时俱进改进管理，快速发展。在快速发展中管理越来越重要，人类文明任重而道远，生存与发展离不开管理，高速发展更需要科学管理。

后 记
Postscript

笔者长期从事航天科研管理工作，在工作中深感管理的重要性，亦同大多管理者一样，通过参加相关管理的培训、学习和工作中的实践，而逐渐加深对管理的认知。在实践和感悟的基础上，我于 2002 年编写了一篇论文《管理的四性分析》发表在《航天工业管理》2003 年第 8 期上。又经近 20 年的工作累积，仍然认为用四性去分析管理，是学习管理、领悟管理实质的一种思考模式，是一种带有提示性的方式，明确目的、把握实现目的的规律性，就已在向成功前进。

在《管理的四性分析》论文基础上，我在编写本书时又对一些观点进行了修正，并增加了一些新的认识，编写过程反反复复，几易其稿，是一种否定之否定，有时感觉自己掉入了逻辑深坑里爬不出来，那就把坑再挖大些。实际上，任何一个定义都有其边界限制，本书力求使管理概念的适应范围更大一些、更通用一些，希望引导性和参考性更强一些。通过编写本书，也使我对管理的感悟更加深入，书中前六章都有思考题，没有标准答案，希望能引发读者思考，在思考中加深对管理的认知，激发新的思想。

本书的编写得到了中国航天工业科学技术咨询有限公司的支持，特别感谢中国航天工业科学技术咨询有限公司胥昕女士、王靓女士，她们为本书的编写提供了大量的素材、好的建议和编辑工作，贡献其智慧，感谢中国宇航出版社刘凯编辑对本书进行了全面核对和修正，付出辛勤劳动。本书中的一些名词解释引用或参照了百度百科内容，一些典故源于网上，同时也引用了任正非等一些名人的话语，在此对原创者和百度百科表示衷心的感谢！

尽管本书反复修改，但前后仍有不协调和繁琐之处，比如目的与目标两词，用目的一词是想表述指向性的、本质的，用目标一词是想表述要达到一个可衡量的或量化的固定点，有时是为了语句顺口。本书也有一些观点需要读者辨识谬误和修正，希望在不断的修正中完善管理理论。

希望开卷有益，加深人们对管理的理解，在管理中“增值”。

孙为钢

2022 年 10 月 27 日